現役時の足跡と英国遊学
英国自転車道

60代の熟年男旅

定年退職組への今からの提案本

旅

99 7232-4

ドイツ ハルツ狭軌鉄道 シールケ(Schierke)駅

文・写真・イラスト・編集

田中貞夫

成隆出版

目　　次

2

60歳からの熟年男、特に印象に残った自転車と鉄道の撮影シーン

マイン川自転車道と鉄道は葡萄畑を仲良く走る

カールスシュタット(Karlstadt)ではマイン川沿いの山
をハイキング、急斜面には葡萄畑と絶景が待っている

ザクセン州デルニッツ鉄道(Döllnitzbahn)　機関士が笑顔を返してくれた！

セヴァーン・ヴァレー
鉄道(SVR)

デルニッツ鉄道
皆さんの笑顔は宝物

カッコウ鉄道
ブライテンシュタイン
Breitenstein駅

　本書は定年退職組や将来の定年に備えて、自転車、鉄道、カメラ、ウオーキング等の趣味を生かして旅する人のための紀行＆案内ガイドブック。蒸機やディーゼル機関車、気動車を追いかけて、乗り鉄、撮り鉄、自転車鉄と遊び鉄のデータ(主に2009年〜2022年度までの写真)をもとに作られています。　掲載されている情報は時間の経過と共に内容に変更がありますので、旅立つ前には可能な限り最新情報を収集し、ご自身の責任でご判断のうえ、ご利用ください。

第1章
旅のプレゼンテーション
現役時の足跡と英国遊学

　旅のタイトルは、定年退職組への提案本、"60 歳からの熟年男「旅」"。　廃棄物処理、環境関連マテリアルリサイクルやサーマルリサイクルの機械プラントの設計・開発エンジニアとして、高度成長時代、そして環境技術に乗り遅れたら会社の存続はないという時代を生き抜いてきた。　当時、環境先進国であったドイツへ出張する機会が多く、ケルンの国際展示場で開催された"エントゾルガ"環境廃棄物処理展を訪問。得意分野の破砕機技術を応用展開できる新しい技術を求めての初めての海外出張であった。　これをきっかけに技術導入に関する打ち合わせを行い、顧客をドイツで稼働中のプラントに案内し、廃プラスティックに関する環境リサイクルプラントの受注に結びつけることができた。　また、環境関連の廃棄物処理に適する新しい破砕機の企画・設計・開発や廃プラスティックの破砕・選別・造粒技術を確立し、マテリアルリサイクルやサーマルリサイクルのプラント設計に携わることができた。

　60 歳で定年退職。先輩がくれた「今までの 10 年よりも今からの 10 年の方が大切」という言葉は、私の退職後の人生を有意義なものにしてくれた。　本書では現役エンジニア時代に訪れたドイツの足跡、退職時に頑張ったご褒美に英国チェルトナムへの遊学時の回想、趣味であった自転車と鉄道とカメラのベクトルを合成する「旅」というキーワードが

浮かんできた。　最初は愛車の折りたたみ自転車ブロンプトンを引き連れてドイツ自転車道のサイクリング。その行き先で走る蒸気機関車やディーゼル機関車の牽引するレトロな客車に遭遇した。　これがきっかけで保存鉄道の追いかけに嵌ったのである。　特に印象に残ったシーンは宝物であり私の財産だ。

　今回は70歳を超え、そんな懐かしいロマンティックな旅をもう一度求め、ドイツデュッセルドルフからオランダを経由し、遊学先の英国/チェルトナムへと回想旅をした。　オランダのアムステルダムからユーロスターに乗車し英国へと向かう。　遊学時には、相棒のブロンプトンでイギリスの原風景が残るコッツウォルズを駆け巡り、グロスターシャー・ウォーリックシャー保存鉄道の蒸機機関車が牽引する列車に乗車。煙やドラフト音は子供の頃の趣味の鉄道への興味を思い起こさせてくれ、車窓からの景色は忘れられないものとなった。　回想旅に加え、今回の英国旅は足跡を辿りながら、保存鉄道の追いかけもメニューに加えた。　どんな出会いが待っているか楽しみである。

　ヨーロッパには日本にはない保存鉄道というジャンルが存在し、昔懐かしい旅スタイルを提供。レトロな列車は皆を笑顔にさせてくれる。　古き良き時代の鉄道を次世代にと大切に保存し、特別運行日にはボランティアスタッフが活躍し、ノスタルジックな心温まる旅を楽しませてくれる。　こんな保存鉄道について本書では紹介したい。

　英国遊学時、ホームステイ先にチェルトナムを選んだのは、イギリスの原風景が残るコッツウォルズ地方に近く、そのボートン・オン・ザ・ウォーター(Bourton on the Water)では中心を流れるウィンドラッシュ川にいくつもの小さな石橋が架かり、コッツウォルズのベネツィアとも呼ばれる美しさ。この地方で採れるライムストーン(Limestone)と呼ばれる石灰岩で建てられた家並みに憧れていたからだ。　また、グロスターシャー・ウォーリックシャー保存鉄道がチェルトナム競馬場前から標準軌の大型蒸機がコッツウォルズ地方北部の外れに沿い、その当時はトディントン駅まで走っていたからである。　今では伸延されブロードウェイまで、約14mile(23 km)を走る。

　遊学時のホームステイ先はインターネットで探し、英国オックスフォードに事務所を持つ"ホームリングァ(Homelingua)"にお世話になった。その理由は、日本語のホームページもあるので安心なのと英国内に事務所を構えているから本当の英国にとけ込めるのではないかと考えたからだ。また、教師宅にホームステイしながら一対一の英語個人レッスンとあった。　シニア向け悠々遊学コースがあり、特に50代、60代、70代の方を対象としたコースで、日常会話を中心とした英語レッスンと、英国ならではの文化体験を楽しめると紹介している。　おかげで単なる観光目的のホームステイではなく、目的を持った、自転車、ウオーキング、鉄道と、趣味を生かした遊学ができ、良い経験となった。

〜〜

英国ホームリングァ(Homelingua)のホームページ:www.homelingua.com、日本語のホームページ:www.ibeeuk.com だが、今は現地のホームリングァには日本語対応のスタッフがいないようで、メールで問い合わせをするとロンドンの代理店(日本人スタッフ)が対応し、丁寧な返信がある。　初めての方は目的別ホームステイを紹介する日本の旅行代理店コッツウォルズ・ウィンドアカデミー(Cotswolds Wind Academy ☎03-6304-7330 www.cotsaca.com)に問合せをすると、目的に沿ったホームステイ先を提案してくれる。

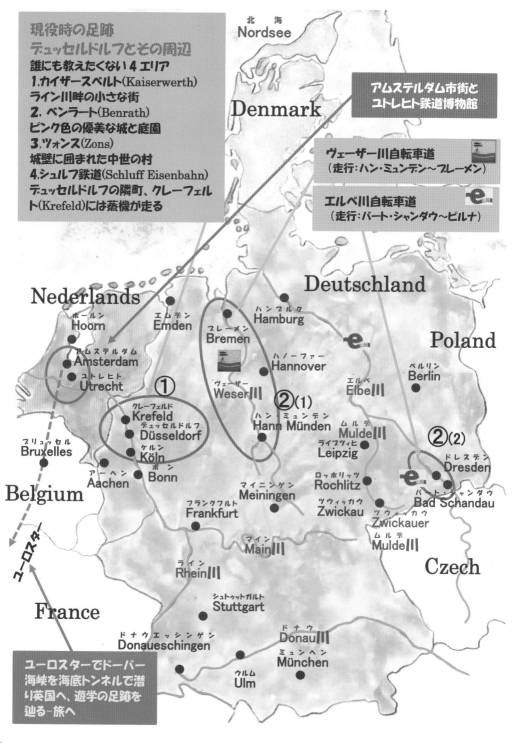

現役時の足跡
デュッセルドルフとその周辺
誰にも教えたくない4エリア
1.カイザースベルト(Kaiserwerth)
ライン川畔の小さな街
2. ベンラート(Benrath)
ピンク色の優美な城と庭園
3. ツォンス(Zons)
城壁に囲まれた中世の村
4.シュルフ鉄道(Schluff Eisenbahn)
デュッセルドルフの隣町、クレーフェルト(Krefeld)には蒸機が走る

アムステルダム市街と
ユトレヒト鉄道博物館

ヴェーザー川自転車道
(走行:ハン・ミュンデン〜ブレーメン)

エルベ川自転車道
(走行:バート・シャンダウ〜ピルナ)

ユーロスターでドーバー
海峡を海底トンネルで潜
り英国へ、遊学の足跡を
辿る-旅へ

北 海
Nordsee

Denmark

Deutschland

Nederlands

Poland

ホールン
Hoorn

エムデン
Emden

ハンブルク
Hamburg

ブレーメン
Bremen

ハノーファー
Hannover

ベルリン
Berlin

アムステルダム
Amsterdam

ユトレヒト
Utrecht

ヴェーザー
Weser川

①

②(1)

エルベ
Elbe川

クレーフェルト
Krefeld

デュッセルドルフ
Düsseldorf

ケルン
Köln

ハン・ミュンデン
Hann Münden

ライプツィヒ
Leipzig

ムルデ
Mulde川

②(2)

ドレスデン
Dresden

ブリュッセル
Bruxelles

アーヘン
Aachen

ボン
Bonn

マイニンゲン
Meiningen

ロッホリッツ
Rochlitz

バート・シャンダウ
Bad Schandau

Belgium

フランクフルト
Frankfurt

ツヴィッカウ
Zwickau

ツヴィッカウ
Zwickauer

ムルデ
Mulde川

Czech

マイン
Main川

France

ライン
Rhein川

シュトゥットガルト
Stuttgart

ドナウエッシンゲン
Donaueschingen

ドナウ
Donau川

ミュンヘン
München

ウルム
Ulm

保存鉄道を愛する旅人は、
エンジニア時代の足跡を辿る旅に出る

①ドイツ/デュッセルドルフ(Düsseldorf)とその周辺

(1)カイザースベルト(Kaiserwerth)

　仕事の合間の休日に私が探した誰にも教えたくないライン川沿いの小さな町、カイザースベルト。　実は、観光案内所に立ち寄った時のこと、街の案内パンフレットの片隅に「ライン川沿いの絵画から出てくる絵のように美しい街」と紹介されていた。　デュッセルドルフ中央駅の地下から地下鉄 U バーン(U79 系統)に乗車、途中から地上に出てトラム気分で郊外へ約 20 分、クレメンスプラッツ(Klemensplatz)停留所で下車し、確かに絵に描かれたような石畳の道を歩くとライン川畔に出る。　左へ川に沿って遊歩道を歩くと、中世の古城が廃墟で残され、進むとオープンテラス席が気持ち良い木漏れ日の射すカフェレストラン。その傍には対岸に渡るフェリー(渡し船)乗り場がある。

(2)ベンラート城(Schloss Benrath)

　現地駐在の商社マンが案内してくれたのは、デュッセルドルフ市街の賑やかさや仕事から解放される、休日にはとっておきの場所はベンラート。　外壁がピンク色で優美なベンラート城と、広さが 60ha もある庭園と森林公園はライン川沿いにある。　ライン川に出ると遊歩道があり散歩やサイクリングに最適。オープンカフェテラスのあるホテル"Hotel Rheintrerrasse"があるので宿泊がお勧めである。
　遊歩道を散歩して、夕日に照らされるライン川は忘れられない。　デュッセルドルフ市内からは U バーン(U74)に乗車し約 30 分、シュロスベンラート(Schloss Bebrath)下車。　地下鉄 U バーンだが地上に出るとトラム同様のスタイル、窓から街並みを見ながらの低床トラムは乗り心地良く鉄道好きには堪らない。　また、中央駅から DB 鉄道 S バーンで約 15 分、ベンラート駅(D-Benrath)で下車し徒歩 5 分で着く。

(3)ツォンス(Zons)

　技術提携先の女性スタッフ、デュッセルドルフっ子の彼女から耳よりの情報を入手。　中世の城壁に囲まれたツォンス(Zons)だ。　仕事の合間に出かけたのであるが、デュッセルドルフの近郊にこんな城壁に囲まれた小さな町があるとは吃驚である。　洒落たカフェ、レストラン、観光案内所、美術館、古い風車、ホテル等があり一泊してのんびりしたい。　デュッセルドルフ中央駅(Hbf)から S バーンでドルマーゲン(Dormagen)駅で下車し、駅前 2 番バス乗り場から、バス(886、887 系統)で約 10 分乗車しシュロス通り(Slossstraße)バス停で降りる。　教会の塔が目印で遠くからも見え、5 分程度歩くと城壁内だ。　城壁内を散歩し、奥にある城壁から外に出るとライン川が流れ、対岸に渡るフェリー(渡し船)乗り場がある。

(4) シュルフ鉄道(Schluff Eisenbahn)

　デュッセルドルフの隣町、クレーフェルト(Krefeld)には蒸機保存鉄道が走る。

②ドイツ自転車道

　川沿いの自転車道(サイクリングロード)を相棒ブロンプトンと走りながら、保存鉄道に寄道をする。　そのスタイルは時速 10 kmのスローポタリングなのだ。

(1)ヴェーザー川自転車道(走行:ハン・ミュンデン〜ブレーメン)

　木組みの家や古城がこれでもかと次々に現れる"メルヘン街道"に沿って走る。

(2)エルベ川自転車道(走行:バート・シャンダウ〜ピルナ)

　ザクセン州を流れるエルベ川沿いの砂岩渓谷"ザクセンのスイス"地方を走る。

アムステルダムから英国へ
ユーロスターでドーバー海峡を潜り、
英国遊学の足跡を辿る旅

リバプール Liverpool
マンチェスター Manchester
シェフィールド Sheffield
Wales
② スランゴスレン Llangollen
⑤ バーミンガム Birmingham
③ シェリンガム Sheringham
England
④ チェルトナム Cheltenham
グロスター Gloucester
ケンブリッジ Cambridge
オックスフォード Oxford
バース Bath
ロンドン London
⑥
カンタベリー Canterbury
ドーバー海峡
アムステルダム Amsterdam
Nederlands
デン ハーグ Den Haag
ロッテルダム Rotterdam
ブルージュ Brugge
ブリュッセル Bruxelles
カレー Calais
リール Lille
Belgium
ヘンゲロー Hengelo
France

自分へのご褒美に、英国ホーム
ステイ遊学をしたときの蒸機保
存鉄道の体験は旅の原点

オランダ
1、アムステルダム
　現役時代にはエンジニアとして、破砕、粉砕、選別、造粒に関する技術開発を行った。　特に、廃プラスティックのサーマルリサイクルプラントや固形燃料化(RPF)設備プラントには、核となる造粒技術を組み込む必要があり、ペレットミルをオランダの会社から技術導入。　導入打ち合わせ、農業関連国際展示会、顧客に実稼働プラント案内と、たびたび訪れる機会があった。　その現役時代の足跡を訪ねると同時に、街中を縦横に走り回るトラム路線には、珍しいガントレット(単複線)という区間があるので撮影を楽しんだ。
2、ユトレヒト
　マリーバーン(Maliebaans)鉄道の旧駅舎であるマリーバーン駅を改装し、19世紀から20世紀初めにかけて活躍したオランダ国鉄の歴史的な車両を保存するため、1954年に設立された鉄道博物館(Het Spoorwegmuseum)を訪問した。

イギリス
1、英国の原風景が残るコッツウォルズ/ボートン・オン・ザ・ウオーター(遊学時の足跡を巡る旅)
2、オックスフォード運河のトゥパスウオーキングに再挑戦(こちらも遊学時の足跡を巡る旅)
3、保存鉄道(標準軌の蒸機保存鉄道)
① グロスターシャー・ウォーリックシャー保存鉄道(Gloucestershire Warwickshire Steam Railway)
　チェルトナム(Cheltenham)から英国の原風景が残るコッツウォルズ北部外れを走る。(再訪)
② スランゴスレン鉄道(Llangollen Railway) 北ウエールズ、スランゴスレン(Llangollen)が始発、
　近くには世界遺産登録されたポントカサステ水路橋(Pontcysyllte Aqueduct)がある。
③ ノース・ノーフォーク鉄道(North Norfolk Railway) ロンドンの北東ノーフォーク州を走る。
④ セヴァーン・ヴァレー鉄道(Severn Vally Railway) バーミンガムの南西、近郊を走る。
⑤ チャーネット・ヴァレー鉄道(Churnet Vally Railway) バーミンガムの北方、田舎を走る。
⑥ ブルーベル鉄道(Bluebell Railway) ロンドン南部ウェスト・サセックス州にある名門保存鉄道。

第2章 ドイツ編 現役時の足跡

1、保存鉄道を愛する旅人はエンジニア時代の足跡を辿る旅に出る

　高度成長期を仕事一筋に生き抜いてきた私たち団塊の世代も70歳を越えた。 60歳の定年退職時には頑張った自分に、ご褒美として英国にホームステイ遊学をし、それから早いもので10年の年月が流れた。 先輩から「今までの幾十年よりも今からの十年の方が大切である」とのアドバイスを受け、思い切って路を変えてみようと、プラントエンジニアリング分野から発想を転換し、趣味の自転車・鉄道・カメラという三つのベクトルを合成すると、「旅」という新たなジャンルが見えてきた。以来、かの有名な童話詩人、ハンス・クリスチャン・アンデルセンが描いた詩の一節「旅することは生きること」と向き合い、忠実に旅に生きてきた。 この10年の節目に、現役時代エンジニアとして訪れたドイツ/デュッセルドルフ、定年退職時に遊学した英国コッツウォルズの足跡を辿る旅に出ようと思い立ち、愛する保存鉄道を楽しむ旅に出た。

　現役時代はエンジニアとして環境関連の機械プラント設計、特に専門分野として産業廃棄物や廃プラスチックに適した破砕機の企画、開発、設計に携わった。 「企業は環境分野に参入しないと生き残れない」という社会背景もあり、当時の環境先進国ドイツから廃プラスチックの細破砕に適した破砕機、遠心力を利用した湿式比重選別機やドイツDSD社の乾式洗浄装置、固形燃料化(RPF)に適した造粒ペレットミル等を技術導入し、国内で実証プラントを建設した。 廃プラスチックから元の原料に戻すマテリアルリサイクルや、固形燃料化し燃やしてエネルギー回収するサーマルリサイクルのプラントに、導入した核となる技術を組み込み、販売展開につなげ結果を残すことができた。

　このことは、スイスの大学で博士号を取得し、ドイツの代表的な大手ケミカル会社で活躍した後、ドイツ全土に事業展開するプラスチック循環型処理総合企業、デュアルシステムドイツ社(DSD)の日本連絡事務所を開設した小山軍治氏を抜きにして語れない。ドイツ/ハノーファーで開催されていた欧州最大規模のプラスチック処理国際展示会場でのこと、DSD社のブースに立ち寄るとドイツ人らしき顔つきの男性が「何かご説明しましょうか」と日本語で近づいてくるではないか、その光景は今でも鮮明によみがえる。 このことがご縁で先輩とはもうかれこれ20年近く親交を温めている間柄である。

　運命の出会いから数年が経過し、DSD社がプラスチックの乾式洗浄システムの技術を確立したとの情報を得た。 この技術を活用すればマテリアルリサイクルやサーマルリサイクルとして資源の有効活用が期待される。 日本のメーカとの提携パートナーを探しているらしい、さっそく欧州系の専門商社を通じてコンタクトを取り東京でお会いすると、なんとドイツのメッセ会場でお会いした日本人らしくない顔つきの小山さんではないか、この瞬間は時間が一瞬止まったように感じたことを覚えている。

　二度目の運命の出会いとなり、この乾式洗浄装置の提携がスムーズに進み、当時は私の上司で専務として環境関連の民需部門拡大に力を注ぎ信頼している園恭輔氏、DSD社日本連絡事務所代表の小山軍治氏と3人でドイツ/デュッセルドルフにあるDSD社に出向き、提携契約を行ったことが懐かしく思い出される。 今だから言えるが、休日にライン川下りをしたとき、私も含め3人の顔には提携をまとめた満足感で満ちていた。70歳越えの今思い返すと自己満足だが、この提携のおかげで結果を残せただけでなく、二人の大切な先輩である人生の友も得たのである。

仕事柄、技術導入の打ち合わせ、ケルン、デュッセルドルフ、ハノーファー等で開催される環境・廃棄物処理関連の国際展示会メッセで環境処理技術の動向調査や顧客をドイツで稼働中のプラントへの案内と、技術営業もこなし、ドイツ/デュッセルドルフに出張する機会が多かった。　休日にはトラム、Uバーン(地下鉄)、Sバーン(DB)で近郊に出掛けたことで、誰にも教えたくない旅のガイドブックに紹介されていない、とっておきのスポットも見つけた。　ここを紹介し、デュッセルドルフ中央駅から鉄道でライン川に沿ってオランダ/アムステルダムに向かおう。　アムステルダムでは現役時代の足跡を訪ね、街中を縦横に走るトラム路線には珍しいガントレット(単複線)という区間があるので撮影を楽しむ。　そしてドーバー海峡を潜り英国へ。その心は遊学時の足跡を辿る旅である。

2、デュッセルドルフ近郊には誰にも教えたくない三つの小さな町がある

　ドイツ西部、父なる河、ラインが流れるノルトライン・ヴェストファーレン州。　その中心に日本企業が多く進出し、活気あふれる商業の街デュッセルドルフ(Düsseldorf)がある。詩人ハインリッヒ・ハイネを生んだ 700 年余りの歴史を持つ風光明媚なライン川畔の美しい街だ。　スイスボーデン湖畔の街、コンスタンツに源を発し、ドイツを縦断する。滔々と流れる様は、子供の成長を見守る父のような存在だ。"父なる川"と呼ばれる所以である。　このライン川と市の名前の由来となったデュッセル川の二つの川が流れる"デュッセルドルフ"は「デュッセル川の村」であり、市の発祥と歴史を示す。　見所はナポレオンがパリのシャンゼリゼを参考にして造ったケーニヒスアレー通りであり、そこでのカフェタイムと買い物を楽しみ、旧市街では居酒屋で昔ながらの上面発酵法で醸造された褐色の地ビール「アルトビール」を必ず味わって欲しい。

　私にとっても、現役時代に幾度か訪れた思い出深い特別な街でもある。　誰にも教えたくない三つの小さい町は、デュッセルドルフの案内所でふと目に付いたパンフレットに紹介されていた絵画から飛び出してきたようなカイザースヴェルト(Kaiserswerth)、現地駐在の商社マンがこっそり情報をくれたピンク色の城があるベンラート(Benrath)、技術導入先DSD社の社員のデュッセルっ子が大好きな、中世の城壁に囲まれたツォンス(Zons)である。

Bonn

Meer-busch

Kaiserswerth
カイザースヴェルト

Düsseldorf

ノイス
Neuss

ベンラート
Benrath

EinzelTicket DB
A 2,70 ERW
Preisstufe Preis
Ticket bereits entwertet
ES GELTEN DIE BESTIMMUNGEN DES
VERBUNDTARIFS RHEIN-RUHR
Düsseldorf Hbf
デュッセルドルフ～クレメンスプラッツ

EinzelTicket DB
B 5,80 ERW
Preisstufe Preis
Ticket bereits entwertet
ES GELTEN DIE BESTIMMUNGEN DES
VERBUNDTARIFS RHEIN-RUHR
Dormagen Bf.
ドルマーゲン～デュッセルドルフ

Zons
ツォンス

ドルマーゲン
Dormagen

Monhei

(1)カイザースヴェルト(Kaiserswerth)
Ｕバーンで行く、絵に描いたような小さな町　ライン川沿いの散歩道がお気に入り！

　初めてこの地を訪れたのは今から20年程前、機械プラントエンジニアの私は、環境先進国ドイツで、廃プラスチックのマテリアル・サーマルリサイクルの動向を調査し、最適な処理機械の技術導入を検討するため、ケルンで開催された「エントゾルガ廃棄物処理技術国際見本市」に出張する機会を得た。

　仕事の合間に一人で散歩するチャンスがあり、デュッセルドルフ市広報・経済振興局の「デュッセルドルフ発見の旅にスタート」というタイトルの冊子があり、その中に“時間があればカイザースヴェルトに足を運んで下さい、童話の挿絵のような家々、石畳の広場があなたを待っています。”と小さな紹介文があり、この言葉に魅せられて訪れてみたのである。
時間があればとあるが、本音は是非訪れてほしいのに、ちょっと控えめのアドバイス。　こんな裏心が読み取れ、出向いたのである。

　デュッセルドルフの北約10kmに位置し、デュッセルドルフ中央駅の地下から地下鉄Ｕバーン(U79系統)に乗車する。途中から地上に出て、トラム気分で郊外へ約20分、クレメンスプラッツ(Klemensplatz)停留所下車。ここがカイザースヴェルトへの入り口となる。　フリードリヒ・バルバロッサ皇帝の栄華をたどる中世の史跡や城塞都市の面影が残り、童話の絵本から飛び出してきたような赤い尖がり屋根の家々、古くからの石畳広場が魅惑して止まない。　こんな魅力に嵌り、保存鉄道の追いかけ旅の途中に幾度と訪れることになる。

　カイザースヴェルター・マルクト(Kaiserswelther Markt)通りという小さな町のメインストリートを15分程歩くと、悠々と流れるライン河畔、船の乗り場、浮き桟橋が急に目の前に現れる。

デュッセルドルフ中央駅の地下　Ｕバーン

Kaiserswerther Markt　通り

クレメンスプラッツ
Klemensplatz停留所

駅前から Kaiserswerther Markt　通りに入る

クレメンスプラッツ駅前の
オープンカフェ「Schysfer」

中世の星型城壁で防護された町、カイザースヴェルルト

Hotel Am Schwan

HOTEL
AM SCHWAN

ARNHEIMER STRASSE 52
40489 DÜSSELDORF

TEL. +49 (0)211 40691
FAX + 49 (0)211 40694

www.hotelamschwan.de
info@hotelamschwan.de

堤防上の散歩道

デュイスブルク 中央駅
Duisburg Hbf へ

浮き桟橋

Herbert-Eulenberg-Weg

浮き桟橋

Lido Eiscafe

ピザレストラン
Eurogrill

オープンカフェ「Schysfer」
Berliner Imbiss
Klemensplatz

Kaiserswerther Markt

カイザーファルツ
Kaiserpfalz
バルバロッサの居城

廃城

ライン
Ruine

デュッセルドルフ中央駅へ
Düsseldorf Hbf へ

Galerie Burghof
ビヤガーデン

カイザースヴェルト
Kaiserswerth

クレメンスプラッツ
Klemensplatz
停留所 U バーン

フェリー乗り場

テラス席が気持ち良い

Restaurant
Alte Rheinfähre

Herbert-Eulenberg-Weg

15

ライン川沿い遊歩道　渡し船とちょっとランチ休憩 ˝Restaurant　Alte Rheinfähre˝

　ライン川沿いの遊歩道に沿って煉瓦積みの擁壁が続くが、川の氾濫により水位が高くなった時のことを考えているようだ。　主な洪水の水位レベルの標識ポールが建てられている。　ここから左へ、上流方向に行き交う船を眺めながら、緑の樹木に囲まれた散歩道をたどると、伝説に包まれた皇帝フリードリヒ・バルバロッサ (Friedrich Barbarossa) の中世の居城が廃墟の姿で残され威容を誇っている。この居城は、バルバロッサ皇帝がライン税関をオランダからカイザースヴェルトに移した後、ライン川を統御する要塞として拡張した。

　その先には対岸に渡るフェリーが運航され、二人連れが手を繋いで乗船、散歩コースになっているようだ。　河畔にはライン川を一望できるテラス席もあるレストラン (Restaurant Alte Rheinfähre) があり、この季節は春到来の定番、アスパラガス料理がお勧めである。　自前の醸造所を持つので ˝Ratinger Altbier˝ というアルトビールが飲める。

　夕暮れ時も遊歩道は市民の散歩コース、ベビーカーを押す女性二人が通りかかる。　絵画のごとく美しいカイザースヴェルトの町中をもう一度散歩する。　落ち着いた街並みをのんびり歩ける。　疲れたのでアイスクリーム店 (Lido Eiscafe)、レストラン (Im Schiffchen) が人気のようだが一人旅なのでパス、ケバブ店 ˝Eurogrill˝ で大きな丸いパンに切れ目を入れ、そこに肉と野菜サラダを一緒にいっぱいこぼれるくらい挟んだドネルケバブを買って、ホテルで豪華な食事としよう。

Rheinfähre Niederrhein

散歩道

バルバロッサの居城
(Barbarossa-Pfalz)

今日の宿泊は、同じカイザースヴェルトでも U バーンのクレメンスプラッツ(Klemensplatz)停留所の次の駅、カルクマー・シュロスアレー(Kalkumer Schlossallee)駅前のホテル"アム・シュヴァン"(Hotel am Schwan)の見晴らしの良い東側の屋根裏部屋だ。 実は、チェックアウト時にフロントの女性が「いい部屋だったでしょ！」と言って見送ってくれた。 ドネルケバブを大事にぶら下げて、夕暮れのライン川の遊歩道(堤防)の清々しい道を歩きホテル着。

(2) ベンラート(Benrath)
トラムヌは S バーンで行くベンラート城(Schloss Benrath)とその庭園

ベンラートはデュッセルドルフの南約 10 km に位置し、デュッセルドルフ中央駅(Düsseldorf Hbf)から U バーン(U74)で約 40 分乗車し、シュロスベンラート(Schloss Bebrath)下車。城の正面にある池とピンク色の城が迎えてくれる。 もう一つは中央駅から S バーン(S6)で約 15 分のベンラート駅(D-Benrath)下車。徒歩 5 分で着く。市内から意外と近く、気軽に行けるライン川沿いにあるベンラート城が私のお気に入り。

選帝侯カール・デオドール(Carl Theodor)の命を受け、建築家ニコラス・デ・ピカージュの設計したベンラート城。 ポツダムのサンスーシ宮殿よりも大きく、ヨーロッパで第一級の建築芸術として知られる。 今から 200 年以上前にテオドール公の狩猟用別邸、夏の離宮として建てられたこの城は、第二次世界大戦後、多くの費用をかけて見事に修復されたとのこと。外壁が可愛いピンク色の優美な雰囲気が特徴である。

ちょっと、散歩して見よう。 城の裏手には 60 ヘクタールの広大な庭園があり、中央には広々した池が一直線に延び、秋には周囲の芝生に枯葉が舞い降り、芸術的な光景となる。朝や夕方の散歩がお勧めである。 こんもりと茂った広大な森に入ると、皆ウォーキングやジョギングをしていて寂しくはない。 森を抜けると一瞬にして視界が開け、悠々と流れるライン川に出る。 オープンカフェテラスで行き交う船をのんびり眺めていると、時間も忘れてしまう。ライン川の見える部屋を予約しているホテル「ラインテラス(Hotel Rheintrerrasse)」が楽しみだ。

ライン川沿い散歩道

Schloss Benrath

Hotel Rheintrerrasse

Schloss Benrath停留所
ベンラート城

Urdenbacher Allee 停留所

デュッセルドルフ市内へ

U

トラム撮影

Schloß
weiher
城の池

商店街

S DB

U

カフェ

U

ヨーロッパガーデンアート博物
館、ショップ、自然史博物館

Benrath停留所
ベンラート

DB
S
Düsseldorf-Benrath駅
デュッセルドルフ ベンラート

Spielplatz am Schloss
城公園

お勧めのホテル

落ち葉拾い休憩

ベンラート城
Schloss Benrath

Hotel Rheintrerrasse
ライン川のテラス

H
50
1 Schloss Benrath
U71 Benrath Btf
U83 Benrath Btf
817 Benrath Btf

（3）ツォンス（Zons）ドイツ娘、デュッセルドルフっ子のお勧めNo.1
城壁に囲まれた可愛い町に 「ツォンス休日散歩」

1	Zollturm und Rheintor	**6**	Juddeturm
2	Kapelle zur Hl. Dreifaltigkeit	**7**	Historische Mühle
3	Krötschenturm	**8**	Freilichtbühne
4	Pfefferbüchsen	**9**	Burg Friedestrom
5	St. Martinus		

　もう 20 年も前の話だが、当時は環境分野に参入できない会社は生き残れないと言われるほどであつた。特に、廃プラスチックのマテリアル・サーマルリサイクルが盛んになり、我社もドイツで廃プラスチックの処理技術、資源回収プラントの操業ノウハウを持つDSD社（デュアルシステムドイツ社）と廃プラスチックの乾式洗浄装置の技術導入をすることになり、デュセルドルフのDSD社を訪問した。　女性スタッフから、デュッセルドルフ近郊で一番好きな町は城壁に囲まれた可愛い町、ツォンス（Zons）であるとの情報を得た。

　早速、仕事の合間に出かけたのである。　デュッセルドルフの近郊にこんな城壁に囲まれた町があるとは吃驚、誰にも教えたくないと思うのは私だけだろうか。

　ツォンスに行くには 2 通りのアプローチがある。　一つは、ちょっとマイナーだがベンラート城から徒歩でライン川沿いの道を約30 分歩くと渡し船のフェリー乗り場がある。　歩行者、自転車、自動車が乗り込める。　降りてから少し歩くと城壁が見えるので道に迷わなく、散歩がてらに良い。

二つ目は、デュッセルドルフ中央駅（Hbf）から S バーンでドルマーゲン（Dormagen）駅で下車、駅前 2 番バス乗り場、バス（886、887 系統）で約

10 分乗車しシュロス通り（Slossstraße）バス停で降りる。　教会の塔が目印で遠くからも見え、5 分程度歩くと城壁の門に着く。

今回、行きはベンラート城から自転車で走り、渡し船のフェリーに乗船、帰りはドルマーゲン駅から鉄道に乗車しデュッセルドルフに戻った。

道路を挟んで対面
ドルマーゲン行きの
Slossstraße バス停

ドルマーゲンから
Slossstraße バス停下車

ドルマーゲン駅

Bussteig ⑤
880
886
887
875 WE2
Dormagen Bf

ドルマーゲン駅前バス停
ツォンス方面行き 5 番バス停

Zons
WE2 Nievenheimer Str
Zollstr.
Schloßstr.

Wilhelm-Busch-Str.
Im Hofstädtchen

ドルマーゲン駅から
路線バス（886，887 系統）

Rosseboschchen

Richtung Dormagen, 886，887

WE2

Zonser Str.

DORMAGEN

Murter-str.

Adolf-Kolping-Str.

Haberlandstr. Am Niederfeld

ドルマーゲン駅

886 /

WE1 WE2

Im Daubenthal Christ

884

シュロス通りバス停
ドルマーゲン行き

Georg Todarola
...macht ihr Auto fit!

Bunsenstraße 15
41540 Dormagen
Tel. 02133/ 60 41 6
Fax 02133/ 62 09 8

Garde Kölsch

Zeitschriften
Tabakwaren
Getränke

Frankenheim Alt

GEÖFFNET

bild

Kaffee to go?!

バス停前の売店　日用品や雑貨

城壁内の散歩

ツォンスの魅力

城壁内には可愛い小物雑貨店、パン屋さん、カフェレストラン、ビヤガーデンの誘惑と一人で休日の散歩に最適

城壁の門にくっ付いたレストラン　中世にタイムスリップ

　デュッセルドルフっ子、若い女性のお気に入り№1。　中世のままの城壁に囲まれた旧市街は、そのまま破壊されずに残っている要塞都市だ。　観光地化されてなく長閑な癒しの小さな村には、可愛い小物雑貨店や園芸店、カフェが魅力的に誘ってくれる。

　案内所で耳寄りな情報を聞き、ライン川の税関であった塔(Zollturm)の近く、城壁と門にくっ付いたレストラン"gemütlich Restaurant Torschenke"に行ってみた。　城壁の上にあるオープンテラス席からはライン川沿いの牧草地が一望できるが、少し肌寒いので屋内に移動した。　もちろん一人でランチがOKか、席を移っても良いかウエイトレスに確認済みだ。　春到来の季節を味わえるアスパラガス料理の話をすると、なんとウエイトレスが笑顔で本日のお勧めのアスパラガス料理の立て看板を席まで持ってきてくれた。　私の足元ではワンちゃんが昼寝中。　ここのオーナーは犬好きのようで、お陰でお上品に食事と覚悟をしていたが、温かいもてなしで気軽にランチが楽しめた。

ツォンス(Zons)へのアプローチと歩き方 編
中世の城壁に囲まれた旧市街に迷い込み、タイムスリップ

風車 Mühle Zons

St. Martinus

24

バス停留所から渡し船乗り場迄歩いて見よう。 シュロス通り(Schloßstr.)を歩き始めると、右手に風車、左手に教会が見える。 進むと🛈案内所と博物館、その裏には庭園、オープンテラス席のあるアイスカフェ(Schlosscafe Zons)での休憩と、時間が経つのも忘れてしまいそう。 城壁に沿って左へ、お洒落な雑貨店やレストランが続く。 城壁に沿ったライン通り(Rheinstr.)を進むと、正面に塔(Rhein-Zollturm)が見える。 門を潜ると緑の樹木が美しい広場に出る。 前のヘレン通り(Herrenweg)を歩くと、牧草地の右前方に渡し船乗り場が見える。 寄り道を入れても往復約 3 km、休憩を入れて 3 時間は欲しい。

ベンラート城

徒歩 1 時間
約 4.5 km

渡し船フェリー乗り
Rheinfähre Niederrhein

Stadt Zons

Rheinfähre Niederrhein
Zons-Urdenbach

Ideale Verbindung für
Fahrradtouren

FAHRPLAN

Schlosscafe

FRÜHSTUCK
ab 9⁰⁰ bis 13⁰⁰

ツォンス
Zons

K 門
L 門

Rheintor

Rheinstr.

St. Martinus

J 門

I

Schlosscafe
Zons

H 門

F 門
E

G

KreisMuseum
Zons

Kiosk
B C

Schloßstr.

A

M

D 風車 Mühle Zons

J

K

L

Dormagen Schloßstr. バス停 （路線バス 886, 887 系統）

3、デュッセルドルフのお隣の街、クレーフェルト(Krefeld)には
シュルフ鉄道(Schluff Eisenbahn) の蒸気機関車が走る！

ノスタルジックな客車を蒸気機関車が牽引するシュルフ鉄道(Schluff Eisenbahn)が走るクレーフェルト(Krefeld)の街へ。 デュッセルドルフ(Düsseldorf)からアプローチするには 2 通りの案がある。一つはデュッセルドルフ中央駅(Hbf)から DB 鉄道でデュイスブルク(Duisburg)乗り換え、約 40 分でクレーフェルト中央駅に着く。 もう一つはこちらも、デュッセルドルフ中央駅の地下から U バーン(U76)に乗車し、乗り換えなしでクレーフェルト中央駅前のトラム停留所に着く。こちらも約 40 分なので便利が良い。 地下鉄だがデュッセルドルフを出発すると地上路線へ、トラム感覚の乗車を楽しめる。

クレーフェルトは「ビロードやシルクのような都市」と呼ばれ、18 世紀に繊維産業で繁栄した歴史と伝統ある街で、デュッセルドルフの北西約 25 kmに位置する。 ビロードやシルクは、国際的に知られた高価な商品となり、皇帝や王侯、領主、司教の間ではクレーフェルト製の生地がドレスコードのような存在となった。 当時の作業場と住居が一緒になった小さな職工の家は文化財として保護され、今日なお繊維産業がクレーフェルト市の特徴になっていると、ドイツ環境局のホームページに紹介されている。

愛称シュルフ(Schluff)と呼ばれる鉄道は、クレーフェルトの歴史的な蒸気鉄道であり、ドイツ最古の私有鉄道のひとつでもある。 「シュルフ」という名は、スリッパの方言「シュルフェ(Schluffe)」に由来する。 比喩的な意味でシュルフは、疲れ切って足を高く上げずに、スリッパ、つまりシュルフェで床の上を引きずって歩く人のことである。 列車ののんびりした走行速度と蒸気機関車のシューシュ

クレーフェルト中央駅前のトラム停留所

デュッセルドルフから、U バーン(U76)も、クレーフェルト市内のトラム路線に乗り入れるので 4 線軌条なのだ

ーとあえぐ音が、シュルフを連想させる。

　クレーフェルト鉄道（Krefelder Eisenbahn）の前身となる会社が早くも 1868 年に設立された。 すでに 1951 年に旅客輸送は廃止されたが、貨物輸送は 1985 年まで続いた。 現在、路線網の中でザンクト・テーニス（St. Tönis）〜ヒュルザー・ベルク（Hülser Berg）間の路線のみが保存されている。 ザンクト・テーニスからジュヒテルン（Süchteln）までと、ヒュルザー・ベルクからメルス（Moers）までの旧ルートは、部分的に遊歩道・自転車道の複合コースとなっている。

　1979 年以来、この路線では観光保存列車が運行されており、最初はディーゼル機関車が、1980 年 5 月からは蒸気機関車「ビスマルク伯爵 15 世（Graf Bismarck XV）」が使われた。 製造元はカッセルのヘンシェル・ウント・ゾーン（Henschel & Sohn）、機関車は D 600 形式に属し、もとはゲルゼンキルヘン（Gelsenkirchen）のビスマルク伯爵鉱山（Zeche Graf Bismarck）で使われていた。 火の粉で土手を火事にし、線路に灰が積もるのを防ぐために、機関車は 1980 年からヒュルザー・ベルクへの森、樹木のトンネルとなる路線で使われるのに先立ち、石炭焚きから軽油焚きに改造されている。 その後、マイニンゲン蒸気機関車工場（Dampflokwerk Meiningen）で新しい燃焼装置が取り付けられた。 この燃焼装置は、通常のオイル焚き蒸気機関車で用いられるものとは異なり、運転の操作は蒸気ではなく電気制御のため、機関車にはディーゼルエンジン発電機が搭載され、それにより列車内の電源も確保されているようだ。

　5 月から 10 月の間、毎週日曜・祝日には、シュルフで、ザンクト・テーニスからクレーフェルト北駅を経由して、近隣の美しい自然豊かな行楽地ヒュルザー・ベルクに向かう。 サイクリングをする乗客が多く、自転車は小荷物専用の貨車に載せられる。

　シュルフは現在、SWK モービル（注：クレーフェルト市公社の運輸部門を担当する子会社で、市交通局に相当）により保存鉄道として運行されている。 www.schluff-krefeld.de
（なお、シュルフ鉄道（Schluff Eisenbahn）については、第 5 弾ドイツからオランダ経由デンマーク「蒸気機関車 3」（成隆出版）に紹介しているので見ていただきたい。）

第3章 オランダ編
オランダ アムステルダム 現役時の足跡

ホールン-メーデムブリック保存蒸機鉄道　Museum Stoomtram Hoorn-Medemblik
(なお、本保存蒸機鉄道については、第 5 弾ドイツからオランダ経由デンマーク「蒸気機関車3」(成隆出版)に紹介しているので見て頂きたい。)

　機械プラントエンジニア時代に訪れた足跡を辿り、旅はオランダ/アムステルダムに入る。　現役時代は機械設計に携わり、破砕、粉砕、選別、造粒に関する技術開発を行った。　特に、廃プラスティックのマテリアル及びサーマルリサイクルプラントや固形燃料化(RPF)設備プラントには核となる造粒技術を組み込む必要があり、ペレットミルをオランダの会社から技術導入することになった。　というのは、オランダは農業国であり肥料や飼料を製造するのに必要なペレットミル造粒機が既に開発されていたからである。　日本でも環境問題がクローズアップされ、廃プラスティックの有効利用として固形燃料化プラントにペレットミルを組み込む応用展開が注目された。　オランダは農作物輸出額世界第2位。　チューリップや風車を思い浮かべるが、広大な国土を持つ米国に次ぐ輸出大国なのだ。　農業先進国だからこそ農業関連の国際見本市も多く開催される。　造粒技術の動向調査や、廃プラスティックを破砕しペレットミルで造粒する固形燃料化実稼働プラントの視察に顧客を案内するなど、アムステルダムとその近郊を訪れる機会があった。　ドイツから出発したデュッセルドルフで現役時代の足跡を訪ね、英国遊学の足跡を辿る旅は、途中アムステルダムでの足跡も辿ることにした。　当時のアムステルダム中央駅から乗車したドッグノーズの列車は忘れられず、アムスは特別な懐かしい思い入れがある。　アムステルダムからオランダ鉄道で約 35 分。　ユトレヒトには、かつてのマリーバーン(Maliebaans)鉄道の旧

駅舎のマリーバーン駅を改装し、19 世紀から 20 世紀初めにかけて活躍したオランダ国鉄の歴史的な車両を保存する鉄道博物館(Het Spoorwegmuseum)がある。 そこには「犬の鼻」のニックネームを持つボンネット型電車が保存されていて、再会が大いに楽しみだ。

　ドイツ/デュッセルドルフからオランダ/アムステルダムへと足跡をたどる旅は続く。 デュッセルドルフ中央駅(Düsseldorf Hauptbahnhof)からドイツ鉄道(DB:Deutsche Bahn AG)のICE でライン川沿いに走り約 2 時間 20 分(乗り換えなし、1 本/H)で、アムステルダム中央駅(Amsterdam Centraal)に着く。

　アムステルダム中央駅は 1889 年に、オランダ人建築家 P.J.H.カイペルスが設計したネオゴシック様式。よく似ている、あるいはモデルにしたと話題になる、辰野金吾の設計の東京駅丸の内側駅舎はビクトリアン様式である。 東京駅とアムステルダム中央駅は姉妹駅なので親近感を覚える。 駅前に鉄道好きのオーナーが経営するホテル(A-TRAINHOTEL)があり、エントランスには鉄道ポスターやグッズが所狭しと展示され、鉄道ファンには堪らない。 しかも鉄道移動のフットワークが良い。 それに比べてトラムでのアクセスが必要となるが、いつも個人旅の常宿にしているのが、隠れ家的存在の日本人が経営する宿、ホテルベルディー(Hotel Verdi)である。 オランダらしい間口の狭い歴史ある建物、階段はアールヌーボースタイルの急な螺旋階段と、まさにオランダスタイルである。 オーナー夫婦と娘さんが経営していて、オランダ人スタッフがフロント対応しているが、お薦めのホテルである。 その理由は、近くにゴッホ美術館、アムステルダム国立美術館、コンセルトヘボー(コンサート会場)、フォンデル公園があるからだ。 連泊した時に、ご主人からコンサートチケットがあるからとコンセルトヘボーに誘ってくれた。 何かあった時にとブレザーを持参していたので様になったのは良いが、旅の疲れもあり今だから言えるが、クラシック音楽はとても心地良く、睡魔との戦いの時間であったことが思い出される。万が一困ったことがあれば、スタッフがオーナーに連絡をしてくれオーナーが相談にも乗ってくれる。

　実はロマンティック街道の自転車旅の情報交換で親しくなった友人で、最近はスリランカの日本語教室の先生として活躍していた岐部正明氏のエピソード。 欧州自転車旅の時にホテルベルディーに宿泊し、オランダ縦断中に紛失したパオポートのことで、大使館への連絡取次ぎなど、お世話になったとの話を聞いている。 岐部氏は"自転車抱えて海外ひとり旅"(㈱九州交通新聞社発行)を出版し、このことにも触れている。 私と趣味を同じくする大切な友人である。

　鉄道好きにとってはアムステルダムの市内を走り回る低床式ライトレール(LRT)、ドイツ/ジーメンス製コンビーノが人をかき分けライツェ通りを通行する様は、アムスでは人とトラムが共存共栄しているのが実感できる。 お目当てのガントレット区間(単複線)を運河橋の上に設けられた停留所で見ることができる。 現在の日本にはなく興味津々である。

　今回はトラムと跳ね橋について人と自転車の共存共栄をテーマに撮影し、ライツェ通りのトラムを超望遠レンズで狙ってみた。 ホテルベルディーから近いフォンデル公園を散歩し徒歩約 30 分。 かつてのハーレマーメーア鉄道(Haarlemmermeerspoorlijn)の路線を走るレトロな旧トラムを保存運行しているアムステルダム路面電車博物館もある。

アムステルダム中央駅(Amsterdam Centraal)のトラム

アムスの街中散歩とトラム路線ぶらぶら街歩き。トラムと人と自転車をテーマにライッツェ通りのガントレットから、運河と跳ね橋の撮影＆カフェタイムの一日

アムステルダム中央駅

オランダの首都アムステルダム。 運河の街並み散歩やカフェ巡りも良いが、今回は街中を縦横に走り回るトラムに照準を当ててみた。 ショッピング街には道路との併用路線があり、トラムと人や自転車が共存共栄している様は驚くばかりである。 賑やかなライツェ通り(Leidsestraat)の道路の狭い部分では、運河に架かる橋の上を停留所にしている。 その停留所ではトラム路線が単線から複線になるのだが、なんとポイントの切り替えがないガントレット(Gantlet:単複線)と呼ばれる珍しい 4 線条があるのだ。 運河を渡る橋では幅を広げ停留所を設けて、すれ違いを行っている。 トラムと人と自転車をテーマに、ライツェ通りのガントレット、そして運河と跳ね橋の撮影を始めよう。 アムステルダム中央駅からトラム路線に沿って、ショッピング・ストリートを歩き、新教会、王宮、ダム広場、ライツェ広場へとトラム撮影三昧だ。 トラムの運営はアムステルダム市営交通公社、路線網はアムステルダム中央駅とダム広場を中心にした放射状路線と、それらに直交する環状路線からなり、16系統が運行され、その総延長 80.5 ㎞である。

Aトレインホテル
A-Train Hotel

アムステルダム
中央駅

Spanjer en
van Twist カフェ

1.2.5.13.17 系統

アンネ・フランクの家

西教会

王宮 ダム広場

4.9.16 系統

13.14.17 系統

1.2.5 系統

ハウスボート博物館

跳ね橋 跳ね橋

B   A

レンブラント
広場

ガントレット区間

ライツェ通り

シンゲル
花市場

マヘレ
跳ね橋

1.2.5 系統

1.4 系統

ライツェ広場

Onder
Ooievaar
カフェ

VAN GOGH

ゴッホ美術館
Van Gogh Museum

フォンデル公園

2.5 系統

ゴッホ
美術館

アムステルダム
国立美術館

市立近代
美術館

お勧めの宿
ホテル ベルディー
Hotel Verdi

レンブラント広場

2 系統

コンセルトヘボー

中央駅からホテル・ベルディーに行くにはトラム
(2系統)に乗車し 17 分 van Baerlestraat 停留所下車。自転車なら約 20 分。徒歩で約 1 時間

中央駅から路線は、ダム(Dam)広場、スパイ(Spui)広場を抜け、カーブしてシンゲル運河を渡ると、目当てのライツェ通り(Leidsestr.)。　進むとガントレット(単複線)があり、運河の橋の幅を広げ複線にした Prinsengracht 停留所になっている。　その前後の単線路線部分がポイントのない単線(4 線軌条)だ。人と自転車がトラム路線内に入り込み、活気ある賑わいを見せてくれる。　ここを通るのは№.2、№.11、№.12 系統の 3 路線。　ひっきりなしに行き交うので撮影の待ち時間はなく忙しい。　後方に見える煉瓦造りの建物はアムステルダム市立劇場(Internationaal Theater Amsterdam)だ。

鳩も仲間入り　ライツェ通り(Leidsestr.)のガントレット　(単複線)
トランジットモールはトラムと人の共存共栄

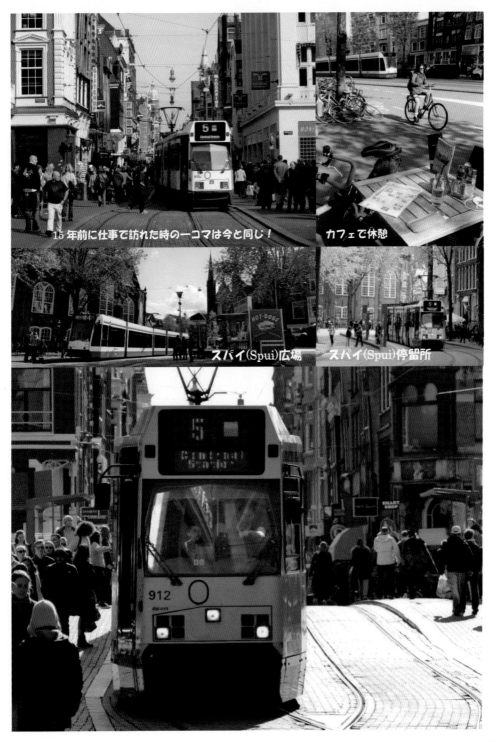

15 年前に仕事で訪れた時の一コマは今と同じ！

カフェで休憩

スパイ(Spui)広場

スパイ(Spui)停留所

ライツェ広場ではガントレットに魅せられ、ついつい撮影と居座ってしまい飽きることはない。橋の上の Prinsengracht 停留所で旧型のトラムとすれ違いの後、ジーメンスの新型コンビーノが単複線に入るが、自転車は間際まで避けようとしない。 こんな光景は日本ではありえない。 トラムが人ごみの中をかき分けながら進む様は、まさに衝撃だ。

前方にトラムが接近、自転車のおじさんは我が道を行く！

トラムと人は仲良く、街に溶け込んでいる！

運河の見えるカジュアルカフェと歴史ある街中カフェの2選

オランダには2種類のカフェがある。 一つは昔ながらのブラウンカフェ。 木製の黒が基調のインテリアで積年のタバコの煙が壁を茶色に染め、酒も出すのでイギリスのパブに似ていて、古さが逆に居心地の良さを感じる。 もう一つはグランカフェ。 お洒落なインテリアや広々とした空間で開放的な雰囲気を味わえる。 トラムを撮影しながら運河沿いを散歩し、ブラウン＆グランカフェ探しである。

昔からの雰囲気があるCafé Onder de Ooievaarブラウンカフェ。 10:00a.m.から夜遅く1:00a.m.と、アムスの夜は長い。 運河の橋の上に設けられたトラム停留所(Prinsengracht No.1,4系統)を下車し、目の前にカフェがある。 窓からはトラムが行き交い、橋の上には花屋さんとSimon en Evert Vishuisje Prinsengrachtシーフード店が見える。 このシーフードスタンドでは、新鮮なニシンやフライ

Café Onder de Ooievaar ブラウンカフェ

Simon en Evert Vishuisje Prinsengracht シーフード店

がその場で食べられる。　二つ目は、西教会(Westerkerk)の近くのトラム停留所(Westermarkt、№.13,17 系統)を下車し北へ、西教会、アンネ・フランクの家を通り運河の橋を渡ると、スパニヤー・ファン・トウイスト(Spanjer en van Twist)カフェ。　運河畔のテラス席もある。　2階席からは運河が見えるグランカフェ。　オープンは 9:00a.m.から 1:00a.m.とこちらも長く、アムスっ子は夜型なのか。

スパニヤー・ファン・トウイスト
(Spanjer en van Twist) カフェ

ハウスボート博物館(Houseboat Museum)

　アンネ・フランクの家から運河沿いを南へわずか 5 分のところにハウスボート博物館 Houseboat Museum がある。 1914 年に建造された貨物船「ヘンドリカマリア」、貨物倉を快適な居住空間にして一般公開している。階段を降りると、そこは街の賑やかさは消え、運河の流れによる軽い心地良いうねりや航海の匂いが感じられる。 居心地の良い居住空間は 80 ㎡と広く、アムスの平均的なアパートと同じである。 貨物船として使用されていたとき、船長は家族と共に船尾に住んでいたそうだ。2008 年に復元され、かつての栄光を取り戻した。 7、8 月のサマーシーズンは休まず 10:00〜17:00 開館している。

Staalmeestersbrug
跳ね橋 **A**

　運河には多くの多くの跳ね橋があり、跳ね橋と運河の街並みに魅かれる。　跳ね橋と自転車はアムス市民の日常生活に溶け込んでいる。

B Aluminiumbrug
跳ね橋

ホテル　ベルディー　　　　　　　　　　フォンデル公園
Hotel Verdi の近くには Vondelparkがあり、朝の散歩に最適
アムステルダム国立美術館、ゴッホ美術館、コンセルトヘボーと絵画・音楽三昧

フォンデル公園 Vondelpark
カフェレストラン
Groot Melkhuis

ゴッホ美術館
Van Gogh Museum

トラム停留所(№2 系統)
van Baerlestraa

アムステルダム
国立美術館

ゴッホ美術館
市立近代美術館

フォンデル公園

コンセルトヘボー

2 系統

アムステルダム
路面電車博物館

2 系統

ホテル　ベルティー
Hotel Verdi

フォンデル公園 Vondelpark

　アムステルダムの美術館地区(Museumkwartier)に位置し、コンセルトヘボー(Concertgebour)がすぐ近くにあり、ちょっとリッチにコンサート鑑賞も楽しめる。　そんなお気に入りのホテルベルディー(Hotel Verdi)は日本人が経営する宿、幾度となくお世話になっている。　Bookinng.com で予約できる。　徒歩で 2〜3 分の所に住民の憩いの場所のフォンデル公園(Vondelpark)があり、朝のウォーキングや自転車散歩がお勧め。　カフェで読書をしながらのひと時も過ごしたい。　また、徒歩 5 分と近いアムステルダム国立美術館には、必見のレンブラントの夜警(Nachtwacht)とフェルメールの牛乳を注ぐ女(De Keukenmeid)がある。　ゴッホ美術館を訪れると、明るく力強いタッチのアルル時代のゴッホイエローの世界に迷い込み、ゴッホファンになること請け合いである。　ホテルベルディーへのアクセスは、アムステルダム中央駅からトラム(No.2 系統)で van Baerlestraat 停留所下車、またはトラム(No.5,6 系統)で Museumplein/ Concertgebouw 停留所下車。　所要時間は約 15 分である。

ホテルベルティー(Hotel Verdi)

フォンデル公園(Vondelpark)の朝は
清々しい静けさ、アヒル達の楽園なのだ

朝のアムス版ママチ
ャリは走る、幼稚園
送りに違いない！

子供と自転車をボッ
クスに入れ疾走する
アムスマンはどこに
行くの！

VAN GOGH
MUSEUM

フォンデル公園　ビヤガーデン

ユトレヒト鉄道博物館（Het Spoorwegmuseum）
マリーバーン駅 Maliebaanstation

www.spoorwegmuseum.nl

オランダのほぼ中央に位置するユトレヒト(Utrecht)は、ローマ時代から交通の要所として栄え、街の古い運河アウデグラフト(Oudegracht)やゴシック建築としてオランダ最古のドム教会(Domkerk)と塔(Domtoren)は中世の香りを残す。　その街中にオランダを訪れたからには見逃せない鉄道ファン必見の鉄道博物館がある。

かつてのマリーバーン(Maliebaans)鉄道の旧駅舎であるマリーバーン駅を改装し、19世紀から20世紀初めにかけて活躍したオランダ国鉄の歴史的な車両を保存するために、1954年に設立された鉄道博物館(Het Spoorwegmuseum)である。　特に見所は、「犬の鼻」のニックネームを持つ、オランダ国鉄の旧型車両など、往年の珍しい鉄道車両群が展示され、蒸機や電気機関車、ディーゼル機関車、電車、客車など60種類以上。　旧デン・ハーグ駅から移設した王室専用の貴賓室もある。

首都アムステルダム(Amsterdam)の中央駅(Station Amsterdam Centraal)からオランダ鉄道

ユトレヒト中央駅とマリーバーン駅間のシャトル電車。"Sprinter"SGM型

駅ホームに保存車両
鉄道博物館のあるユトレヒト/マリーバーン駅

ユトレヒト中央駅
Station Utrecht Centraal

(NS:Nederlandse Spoorwegen)に乗車し、ユトレヒト中央駅(Station Utrecht Centraal)への所要時間は約35分(1時間に8本)と意外と近い。　鉄道博物館へのアプローチは、ユトレヒト中央駅からシャトル電車、バス、徒歩が選択できる。

博物館行きシャトル電車は、中央駅から約20分(博物館の開館日には1本/毎時ジャストの運行)とアクセスは良い。　路線バスは中央駅前のバス停から、ウィルヘルミーナパルク(Wilhelminapark)行きNo.8系統に乗車し、数分の乗車でマリーバーン(Mailebaan)バス停で下車する。　お勧めなのはせっかくなので中央駅から徒歩で、駅前から東に進むと古い運河に出る。　煉瓦アーチ橋の袂には運河巡りクルーズ船乗り場、運河沿いは落ち着いた雰囲気の街並み、両側にはオープンテラス席のカフェが軒を連ねている。　市庁舎からドム塔にかけては散歩コースの目玉だ。　古い建物のショップが続くので寄り道すると、なかなか前に進まない。　カタライネ修道院博物館の手前を東に進むとレペレンブルフ公園(Park Lepelenburg)、橋を渡ると正面にマリーバーン駅が見える。　鉄道博物館の開館日は、火曜日から日曜日（月曜日は休館）、営業時間10:00～17:00、入場料17.5€(2017年は16€)だが、ホームページに詳細が記載されている。　博物館内には、歴史的な車両の展示だけでなく、家族連れでも楽しめるように各種アトラクションが用意され、アミューズメントパークパークでもある。　また、館内には洒落たカフェやレストランがあり、ついつい居座ってしまう。

スプリンター車内

Geldig op 18-04-2017 Klasse 2
Enkele reis
NS| Utrecht Centraal
Utr. Maliebaan

Check in and out with your operator

CV 1184 Prijs € 2,30 Toeslag € 1,00 00-0005-7574-1106

Welkom in Het Spoorwegmuseum
VOLWASSEN
16,00
Ticket is geldig

RAIL
ROOKIES

鉄道博物館の入口ゲート

Utrecht

煉瓦造り
アーチ橋

クルーズ船
発着場

市庁舎

ドム教会
Domkerk

オルゴール博物館
Museum Speelklok

Binnenstad

ドム塔
Domtorn

運河沿いを散歩＆
カフェで休憩タイム

レペレンブルフ公園
Park Lepelenburg

ゾアー公園
Zocherpark

Utrecht Maliebaan

マリーバーン駅
Mailebaan

Utrecht Centraal

鉄道博物館

マリーバーン駅 Mailebaan

ユトレヒト鉄道博物館
Het Spoorwegmuseum

館内に入ると頭上に蒸気機関車が迫ってくる。　この蒸気機関車 NRS　107（1889 年製造）は博物館の建物が建てられる前にこの高い架台の上に設置され、博物館の建物は後にこの機関車の周りに建てられたそうだ。　窓際で日向ぼっこしている　SS326　型（1881 年製造）蒸気機関車「Grote Groene」（ビッググリーン）は、大きなホイールと緑に塗装されていることから名前が付けられた。

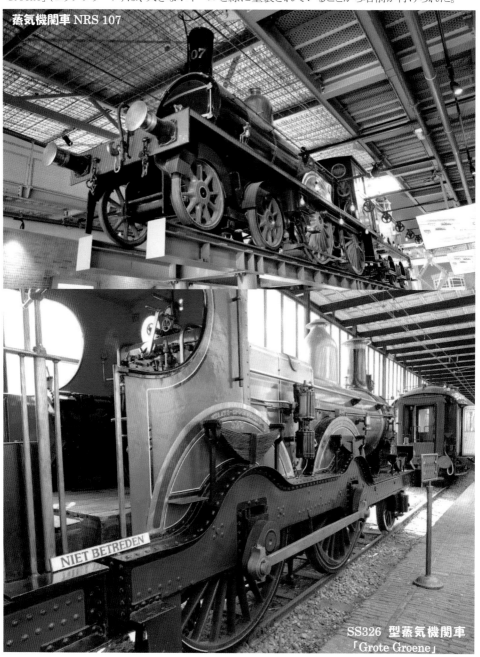

蒸気機関車 NRS 107

SS326　型蒸気機関車
「Grote Groene」

SS326 型蒸気機関車

高速用蒸機 NS2104

窓際に並ぶ奥には
高速用蒸機 NS2104
（1914 年製造）も保存さ
れ、走行中にロッドから
発生するガタガタ音か
ら「Blikken Tinus」と呼
ばれた。

テーブル席で休憩タイム

館内に入り目を引いたのがお目当てのドッグ鼻 Train "Mat '54", NS386 である。　展示車両とドッグのモニュメント、自然光と照明を組み合わせた色使いと見せるテクニック展示はさすがオランダである。　館内の保存展示されている車両で興味を抱いたのは、オランダの国立鉄道で最後に使用され 1958 年に引退した蒸気機関車「NS 3737」のニックネームは"ジャンボ"、1908 年に製造

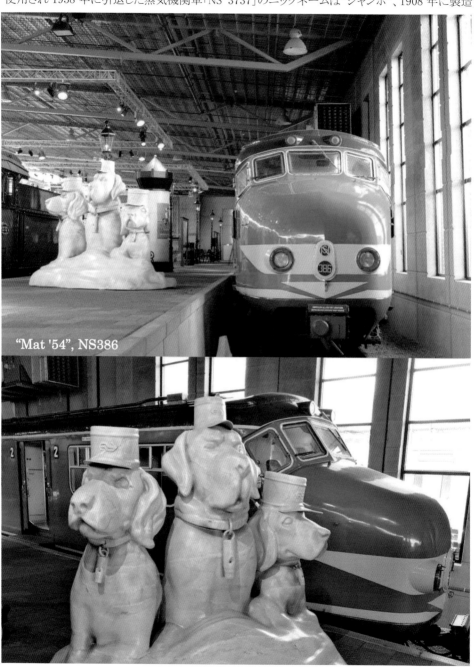

"Mat '54", NS386

されたオランダ最古の電車である「Zhesm 6Electric Trolly」、1945年イギリス陸軍の支援を受けて
製造された軍用蒸気機関車の「73755」。 このイギリス製の彼女の名前はLongmoor。 もう一つ目
立っていたのは、車体に赤のラインアクセントが目を引く全面丸顔の気動車だ。 1954年製造の
Blauwe Engel(NS41)のニックネームは、青い天使"ブルーエンジェル"である。

Longmoor「WB73755」
蒸気機関車

Blauwe Engel(NS41)

Zhesm 6 Electric Trolly

蒸気機関車「NS 3737」

　館内で特にスポットライトを浴びていたのは、オランダ鉄道が開業した1839年に走った蒸気機関車(De Arend)と客車、そして当時の駅舎と町並みを走る様子を再現しているエリア。　アムステルダムとハーレム間を走ったこのオランダ初の蒸気機関車「De Arend」は1857年に解体された。　ここ鉄道博物館にあるのは1939年オランダ国鉄100周年記念に製造されたレプリカだそうだ。　館

DE AREND

De Arend)

De Bril SS2-4-0 13

内にはオランダで最古の蒸機、愛称は眼鏡（確かに運転室に二つの丸い窓が）と呼ばれる De Bril SS2-4-0 13 や変わり種スタイルの保線用蒸機が展示されている。 屋外エリアにはオランダ国鉄自慢の愛称犬の鼻 Mat'64（黄色）、Rode Duivel NS112（赤）が編成で保存されている。

館内の中央には展示物一望のカフェ・レストランがあり、歩き疲れたらカフェ休憩をしよう。

変わり種スタイルの保線用蒸機

売店での土産物買い物が楽しみ

第4章
遊学時の足跡を辿る旅
英国編

売店で写真を撮っても良いかと聞くと
おじさんポーズを取ってくれた

おじさんから購入の
蒸機と客車は宝物

　アムステルダム中央駅からユーロスターに乗車し、約2時間40分で英国へ。　折りたたみ自転車と保存鉄道を愛する旅人は、定年退職時に頑張った自分へのご褒美にイギリスの原風景が残るコッツウォルズ地方、チェルトナムに遊学ホームステイした。　そのときの足跡を辿る旅に出る。　ステイ先での英会話レッスンの合間には、愛車ブロンプトンでチェルトナム市内の廃線跡の遊歩道(サイクリングロード)を走行。　市街のはずれにあるチェルトナム競馬場(Cheltenham Racecourse)からトディントン(Toddington)まで、グロスターシャー・ウォーリックシャー保存鉄道が運行し、なんと標準軌の大形蒸機が牽引する列

車を走らせているのだ。　因みに、以前はチェルトナム・スパ駅(Cheltenham Spa)から分岐していた路線だが、競馬場までの区間は廃線となり、今は遊歩道（自転車可）となっている。　蒸気機関車に乗るのは何年ぶりだろうか。　煙の匂いやドラフト音、車輪から伝わる心地良い振動は子供の頃にタイムスリップ。　これをきっかけに、この10年間は保存鉄道の追いかけ旅に嵌っているが、原点はここからであり、旅は止まらない。

　また、オックスフォード運河のトゥパスウオーキングにも挑戦。　そこで知ったこと、幅の狭い運河網に幅の狭いナローボートが歩くスピードと同じ速度で、街の賑やかさから逃れ、レジャーとしてイギリス原風景に溶け込んで航行していることを知る。　産業革命の全盛時には、コッツウォルズ地域から石炭や材木等の資源や毛織物の製品がこの運河網とテムズ川を利用してロンドンに運ばれていた。　20世紀には物資輸送が運河から鉄道となり衰退する。　後半になると運河の歴史的価値が再評価され、レジャーとして再び脚光を浴びてナローボートが復活していることを知る。　産業革命頃のイギリスの古き良き時代にはナローボートの運河網と蒸気機関車の路線網は、時代の流れと共に輸送手段として競合関係となり、衰退と繁栄の歴史があったのだ。

　定年退職時に考えたこと。　エンジニア人生でやり残したものとして「海外留学で英会話」が真っ先に浮かんだ。　しかし、留学となるとハードルが高いのでシニア遊学と言った方が良いかもしれない。　有給休暇の残り2週間を活用し、英国のチェルトナムを選んだのは、イギリスの原風景が残るコッツウォルズ地方にあり、英会話学校の先生宅にホームステイして英会話レッスンが含まれていたからである。　レッスン時間外には、チェルトナムの街案内、劇場、ホームステイ先の近くにある「悪魔の煙突」と呼ばれる奇妙な形の岩があるコッツウォルズ丘陵のハイキング、ボートン・オン・ザ・ウォーターという田舎町へ自転車を載せた車での送り迎えなど、いろいろなサポートをお願いできた。　ホームステイだからこそのきめ細かい対応、家族と食事を共にしてのイギリス人の日常の暮らしの体験、現地ならではの生きた英会話の習得ができた。

オックスフォード運河を跨ぐ橋は遊歩道　奥には閘門のゲートが見える

1、グロスターシャー・ウォーリックシャー鉄道 www.gwsr.com

(GWSR:Gloucestershire Warwickshire Steam Railway)

チェルトナム競馬場(Cheltenham Race Course)～ブロードウェイ(Broadway)へ
蒸気機関車が走る保存鉄道は全長 23 kmの標準軌道

　グロスターシャー・ウォーリックシャー鉄道(GWSR:Gloucestershire Warwickshire Steam Railway)は、イギリスの原風景が残るコッツウォオルズの玄関口、チェルトナム(Cheltenham)からコッツウォルズ地方北部の外れに沿ってブロードウェイ(Broadway)までの約14mile(23 km)を走る標準軌道の蒸機保存鉄道である。

(1) コッツウォルズ(Cotswolds)

　1700 年代に始まった産業革命の頃、コッツウォルズ地方は鉄道が通らなかったことから近代化に取り残され、そのおかげでイギリスの原風景が残る。今ではイギリスの人達にとって現役時代の忙しさから解放され、癒される憧れの田舎に住みたい町の№.1 エリアでもある。

　歴史が古く、古代ローマ人が持ち込んだ毛の長い羊(コッツウォルド・ライオン)を放牧し、その羊毛の交易により繁栄、町や村には毛織物工場が集まり活気ある黄金期を迎える。 しかし、産業革命の始まる 18 世紀には毛織物から綿製品へ、さらに時代の流れは化学繊維へと変わり、衰退の一途をたどる。 しかし、数百年前の癒される田園風景は人と自然が共存し、暮らしはそのままで変わることなく昔の良き時代がそのまま残っていることから 19 世紀に再注目される。

　20 世紀にコッツウォルズは特別自然美観地域(AONB：Area of OutstandingNatural Beauty)の指定を受け、後世に残すべき価値のある美しいカントリーサイドとして保護対象となったのである。

　なだらかな丘陵には小さな町や石造りの家々の並ぶ村が点在し、この地方で採れる石灰石のライムストーン(Limestone)で建てられた建築群、茅葺屋根の景観は、蜂蜜色の世界に迷い込ませる。コッツウォルズの旅をしていると、何故か日本の原風景を思い浮かべる。原風景に感じる郷愁や憧れは、イギリスも日本も同じだろう。

(2) チェルトナム(Cheltenham)

　グロスターシャー・ウォーリックシャー鉄道は、コッツウォルズ地方の北西部に位置するチェルトナムの郊外にあるチェルトナム競馬場が始発駅となる。 このチェルトナムは 1715 年に鉱泉が発見されて以来、英国を代表するスパの街として栄え、1790 年から 1840 年の数十年にわたり、ブライトンの摂政の宮 Prince Regent (後のジョージ 4 世)によって広められたリージェンシー建築様式の町として発展する。 この様式は、広い並木町の景観に佇む邸宅や、なだらかな曲線を描いた古典派テラス式住宅、エレガントなヴィラなどに多く見られる。 英国で最も完璧に保存されているリージェンシー建築の街、余暇と楽しみのために残された街なのだ。

　街の中心プロムナード(Promenade)に行くには、チェルトナム・スパ(Cheltenham Spa)駅から路線バス(№.E 系統)で Clarence Parade arrival バス停下車し 3 分程歩く。 または、駅から少し歩いたところにある Lansdown Close バス停から路線バス(№.93,94Gold 系統)で Promenade (Stop 3)バス停下車するとプロムナードの通りに直接着ける。 どちらも時間は 10 分で、本数は多い。

(3) グロスターシャー・ウォーリックシャー鉄道へのアプローチ

　今日の旅の目的はグロスターシャー・ウォーリックシャー鉄道の乗車なので、チェルトナム・スパ(Cheltenham Spa)駅から路線バス(№.E 系統)で約 36 分。 チェルトナム競馬場(Cheltenham Race Course)バス停に着き、鉄道駅までは徒歩 14 分歩くことになる。 因みに、時間に余裕があればチェルトナム・スパ駅から旧鉄道に思いを馳せながら廃線跡の高架遊歩道(自転車可)を歩けば約 1 時間で着ける。 街を眺めながらのウォーキングも一つの選択肢である。

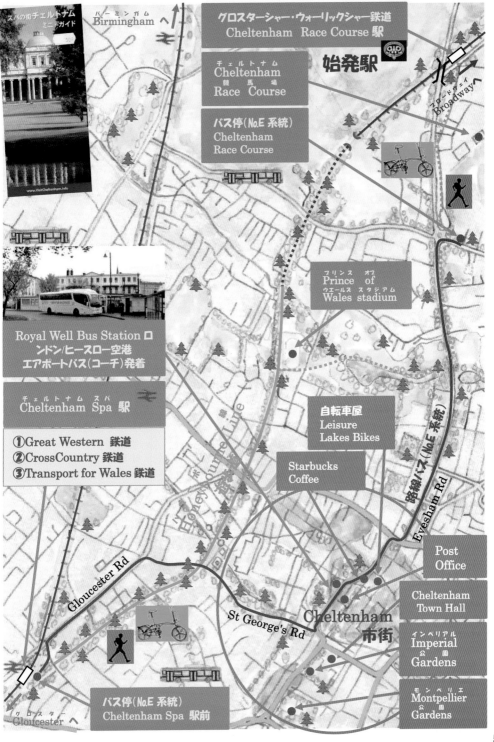

スパの街チェルトナム
ミニガイド

www.VisitCheltenham.info

バーミンガム
Birmingham へ

グロスターシャー・ウォーリックシャー鉄道
Cheltenham Race Course 駅

始発駅

ブロードウェイへ
Broadway へ

チェルトナム
Cheltenham
競馬場
Race Course

バス停(NₐE 系統)
Cheltenham
Race Course

プリンス オブ
Prince of
ウエールズ スタジアム
Wales stadium

Royal Well Bus Station ロ
ンドン/ヒースロー空港
エアポートバス(コーチ)発着

チェルトナム スパ
Cheltenham Spa 駅

①Great Western 鉄道
②CrossCountry 鉄道
③Transport for Wales 鉄道

自転車屋
Leisure
Lakes Bikes

Starbucks
Coffee

路線バス(NₐE 系統)

Evesham Rd

Post
Office

Cheltenham
Town Hall

Gloucester Rd

St George's Rd

Cheltenham
市街

インペリアル
Imperial
公園
Gardens

クロスター
Gloucester へ

バス停(NₐE 系統)
Cheltenham Spa 駅前

モンペリエ
Montpellier
公園
Gardens

53

グロスターシャー・ウォーリックシャー鉄道(以下 GWSR 略称を使用)の路線は、かつてのグレートウェスタン鉄道(GWR:Great Western Railway) 全盛時代はチェルトナム Cheltenham 〜ストラトフォード・アポン・エイヴォン Stratford-upon-Avom 〜バーミンガム Birmingham を結ぶ幹線路線の一部であった。 1900〜1906 年に建設されたハニーボーン線(Honeybourne Line)として知られ、コッツウォルズの町、ウィンチカム Winchcombe やストラトフォード・アポン・エイヴォンを通っていた。

1976 年には車両の脱線により路線が損傷を受け、最終的には閉鎖されてしまった。 しかし、1984 年には保存ボランティア団体によりトディントン Toddington 駅で 700 ヤード(640m)と短い距離であったが線路を再敷設し、蒸気機関車の運行が復活した。 1987 年にはウィンチカムへ、2003 年にはチェルトナム競馬場へ、2018 年にはブロードウェイまで伸延を果たした(総延長 14.25miles)。

チェルトナム競馬場から旧路線の廃線跡は、今は歩行者や自転車専用の遊歩道となっているが、将来は線路を再敷設してチェルトナム・スパ駅まで伸延する計画があるようなので楽しみだ。 チェルトナム競馬場や隣接するスポーツスタジアムへのアクセスが良くなり、交通渋滞の軽減、観光列車の運行による地域の活性化と、事業収益の増加なども期待できるようだ。

GWSR は 3 月から 12 月まで、ほとんどの平日と休日に運行され 1 月と 2 月の運行はなく、11 月は路線と機関車のメンテナンスを行うので運行日は少ない。 各月の週末にはイベントとして、4 月イースターエッグプレス、5 月コッツウォルズフェスティバル蒸機機関車祭り、7月クラシックバスラリーと鉄道遺産のディーゼル機関車祭り、8 月テディーベアの祭り、12 月は特別な日のサンタクロース祭りなどが開催されており、盛り沢山の特別企画を楽しめる。

もう 10 年以上前、定年退職時に有給休暇を利用してコッツウォルズのチェルトナムに 10 日間程遊学した。 ホームステイ先から愛車ブロンプトンでチェルトナム・スパ駅を経由し、廃線跡の歩行者と自転車専用の遊歩道を走り、始発駅の競馬場へポタリング。 お目当てはGWSR 鉄道に乗車である。今はブロードウェイにまで伸延をしているが、当時はトディントンが終着駅であった。 今回はウィンチカムとボートン・オン・ザ・ウォーターに宿泊なので、イギリスの原風景が残るコッツウォルズ、蜂蜜色の家々が並ぶ村を快走し、遊学時の足跡を辿ってみる。 GWSR路線の中間に位置するウィンチカム駅から蒸機に乗り、チェルトナム競馬場とブロードウェイ迄の往復を乗車することにした。 車窓からは撮影ポイント探しで忙しい。

Purple Timetable

Broadway	dep	09:55	11.10	12.35	14.10	15.30	17.10
Toddington	arr	10:11	11.26	12.51	14.26	15.46	17.26
Toddington	dep	10:15	11.35	13.00	14.35	15.55	
Winchcombe	arr	10.25	11.45	13.10	14.45	16.05	
Winchcombe	dep	10.27	11.47	13.12	14.47	16.07	
Gotherington	arr	10.38	11.58	13.23	14.58	16.18	
Gotherington	dep	10.39	11.59	13.24	14.59	16.19	
Cheltenham Race Course	arr	10.50	12.10	13.35	15.10	16.30	
Becomes			11.15	12.45	14.15	15.40	16.40	*terminates*

Northbound		Steam1	Steam2	Steam1	Steam2	Steam1	Diesel
Cheltenham Race Course	dep	10.00	11.15	12.45	14.15	15.40	16.40
Gotherington	arr	10.11	11.26	12.56	14.26	15.51	16.51
Gotherington	dep	10.12	11.27	12.57	14.27	15.52	16.52
Winchcombe	arr	10.23	11.38	13.08	14.38	16.03	17.03
Winchcombe	dep	10.26	11.46	13.12	14.48	16.10	17.04
Toddington	arr	10.36	11.56	13.22	14.58	16.20	17.14
Toddington	dep	10.38	11.58	13.24	15.10	16.30	
Broadway	arr	10.54	12.14	13.40	15.26	16.46	
Becomes		11.10	12.35	14.10	15.30	17.10	*terminates*

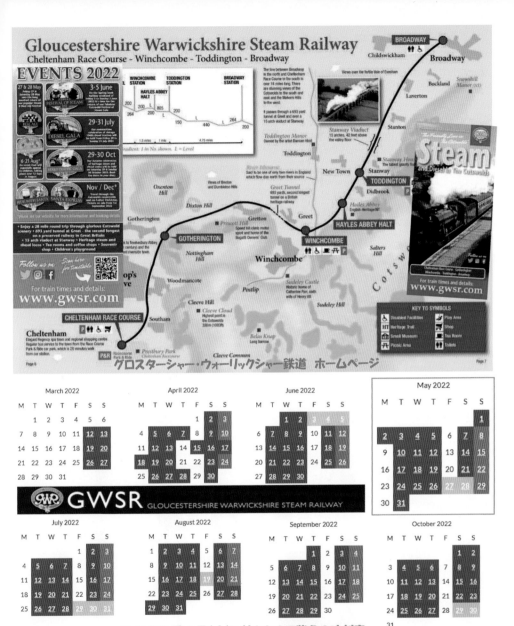

グロスターシャー・ウォーリックシャー鉄道　ホームページ

March 2022						
M	T	W	T	F	S	S
	1	2	3	4	5	6
7	8	9	10	11	12	13
14	15	16	17	18	19	20
21	22	23	24	25	26	27
28	29	30	31			

April 2022						
M	T	W	T	F	S	S
				1	2	3
4	5	6	7	8	9	10
11	12	13	14	15	16	17
18	19	20	21	22	23	24
25	26	27	28	29	30	

June 2022						
M	T	W	T	F	S	S
		1	2	3	4	5
6	7	8	9	10	11	12
13	14	15	16	17	18	19
20	21	22	23	24	25	26
27	28	29	30			

May 2022						
M	T	W	T	F	S	S
						1
2	3	4	5	6	7	8
9	10	11	12	13	14	15
16	17	18	19	20	21	22
23	24	25	26	27	28	29
30	31					

GWSR — GLOUCESTERSHIRE WARWICKSHIRE STEAM RAILWAY

July 2022						
M	T	W	T	F	S	S
				1	2	3
4	5	6	7	8	9	10
11	12	13	14	15	16	17
18	19	20	21	22	23	24
25	26	27	28	29	30	31

August 2022						
M	T	W	T	F	S	S
1	2	3	4	5	6	7
8	9	10	11	12	13	14
15	16	17	18	19	20	21
22	23	24	25	26	27	28
29	30	31				

September 2022						
M	T	W	T	F	S	S
			1	2	3	4
5	6	7	8	9	10	11
12	13	14	15	16	17	18
19	20	21	22	23	24	25
26	27	28	29	30		

October 2022						
M	T	W	T	F	S	S
					1	2
3	4	5	6	7	8	9
10	11	12	13	14	15	16
17	18	19	20	21	22	23
24	25	26	27	28	29	30
31						

2022年5月8日(土)に訪れたので紫色の時刻表

Blue Timetable

Purple Timetable

Pink Timetable

Special Event

Our timetable is colour-coded. For the train times, click on the date you wish to travel. That will then take you to the timetable in operation on that day. Please note any special information with each timetable.

Trains operate only on dates coloured.

55

チェルトナム・スパ駅ウオッチング　遊学時も今も、駅構内はレトロな雰囲気を残す

　チェルトナム・スパ(Cheltenham Spa)駅はコッツウォルズへの玄関口。　もともと羊毛産業で栄えた村であったが1715年には鉱泉が発見され、王室と貴族に愛される保養地となる。　1790〜1840年、ブライトンの摂政の宮 Prince Regent（後のジョージ4世）によって広められたリージェンシースタイルは、芸術や娯楽、建築、家具、食事、ファッションに至るまで、時代の最先端を取り入れ、余暇と楽しみのためにデザインされた。　街中にはその建築群が多く残されている。　駅舎外観は平凡だが、構内に入ると華やかでレトロな面影に出逢える。　ホームにある屋根支柱の豪華さやフラワーボールが当時を彷彿とさせる。

駅構内のカフェで休憩

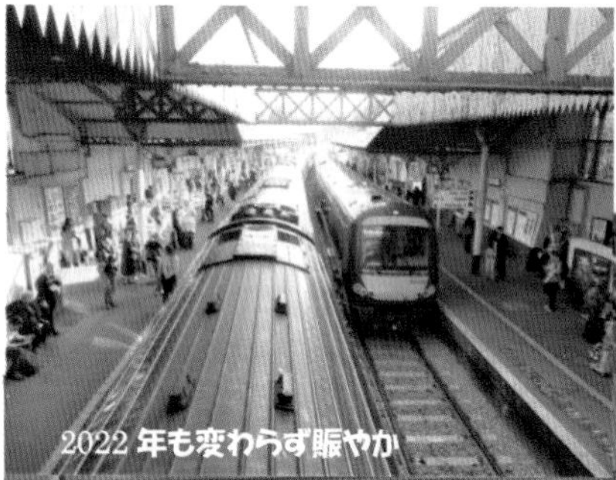

2022年も変わらず賑やか

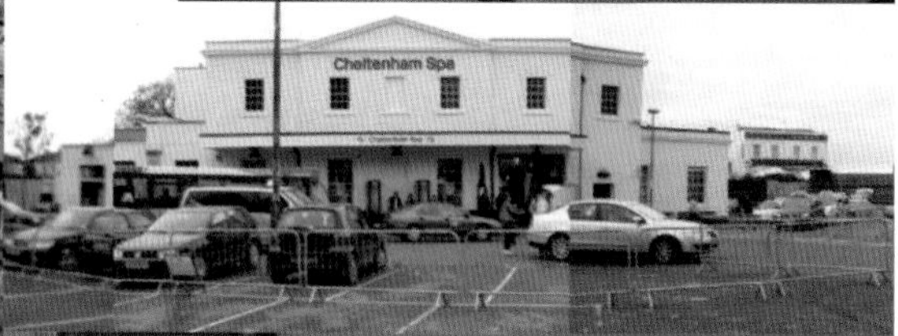

チェルトナム　スパ
Cheltenham Spa駅

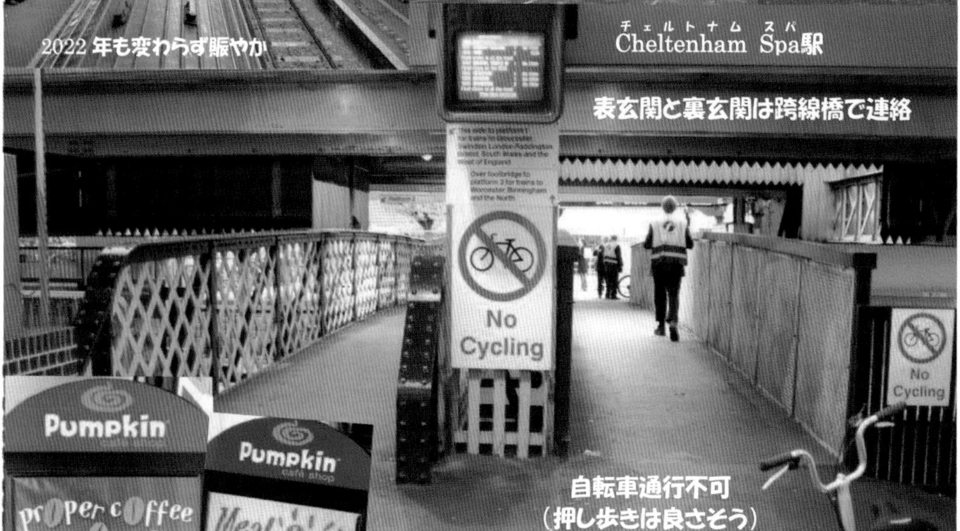

表玄関と裏玄関は跨線橋で連絡

No Cycling

自転車通行不可
（押し歩きは良さそう）

Pumpkin

proper coffee in a proper cafe

Meal Deal

ホームのカフェで休憩

玄関ホールはレトロな雰囲気

屋根支柱とフラワーボールは当時のままだろう

2022年

2022年

チェルトナム・スパ駅から旧廃線跡の遊歩道を通り
グロスターシャー・ウォーリックシャー鉄道の始発駅チェルトナム競馬場へ

　チェルトナム・スパ駅ウオッチングの後、街を一望できる旧廃線跡の遊歩道へ。　この道は土手の上に敷かれた線路が撤去され、歩行者と自転車の専用道に整備された。　全て立体交差で信号はなく快走できる。　途中に近代的な橋が架けられ、ラウンドアバウトの交差点を跨いでいる。　古い鉄道橋も残され、そのガードは鋼板をリベット方式で接合され製作されている。　蒸機が走っていた当時の様子が目に浮かぶ。　途中右折し、公園(Pittville Park)の池の周りに整備された道を通り抜けると、国道A435のEvesham Roodだ。　歩道(英国では不可)を走り進むと、よく見かけるラウンドアバウトの交差点がある。　車は4方向から合流し、廻りながら目的方向に交差点を抜けてゆく。　横断は信号がないので注意が必要である。　交差点の右奥がチェルトナム競馬場(Cheltenham Racecourse)、少し先に進むとGWSR Steam Railwayの入り口がある(行程は、徒歩約1時間、自転車約20分)。

　旧ハニーボーン線の廃線跡は遊歩道となり、景観は素晴らしい。　チェルトナム・スパ駅からプリンスオブウェールズスタジアム(Prince of Wales stadium)まで続く市民の宝物だそうだ。　GWSRは、チェルトナム競馬場から北へブロードウェイまで復活し保存鉄道として運行している。　南のチェルトナム・スパ駅へは国道A435のEvesham Roodを潜り、少し先のハンティングバッツトンネル(Hunting Butts Tunnel)まで路線を延長しているが、残る遊歩道となっている。この区間約1.5kmの早期復活を願うばかりだ。

ハニーボーン道路に架かる Jubilee Bridge

A

B

不思議発見、落書きか、いや、芸術アートか！

ピットヴィル公園(Pittville Park)

C

チェルトナム
Cheltenham
競馬場 駅
Racecourse 駅

始発駅 **D**

ハンティング バッツ
Hunting Butts
トンネル
Tunnel

← Honeybourne Line
Railway Station

Town Centre →

Evesham Road
Pittville Pump Rooms

Paddy Power
ENTRANCE

D

ラウンドアバウト
交差点

C

Evesham Rd

ピットヴィル 公園
Pittville Park

プリンス オブウエールズ スタジアム
Prince of Wales stadium

London
パディントン
Paddington

B

チェルトナム スパ 駅
Cheltenham Spa 駅

Cheltenham
市街

A

ブロードウェイ
Broadway →

定年退職後、チェルトナムのホームステイ先に遊学。高度成長時代に頑張った自分へのご褒美であった。 この旅で、自転車、蒸機の追い駆け、デジタル一眼に夢中となり、今では旅することは生きることになっている。

グロスター へ
Gloucester へ

HONEYBOURNE LINE
Wyman's Brook

HONEYBOURNE LINE
Leisure @ Cheltenham

41

始発駅 チェルトナム 競馬場 Cheltenham Racecourse

　定年退職時の 2008 年 11 月、イギリスの原風景が残るコッツウォルズ、チェルトナムに遊学。 ホームステイ先から街中と廃線跡の遊歩道をポタリングし、グロスターシャー・ウォーリックシャー鉄道の始発駅、チェルトナム競馬場を訪れ蒸機に乗車した。 遊学時の足跡を 13 年ぶりに辿ることにし、2022 年 5 月に再訪問すると、活躍していた"ブラックプリンス"(型式:92203)はノース・ノーフォーク鉄道に転籍しもういない。 さて今回はどんな蒸機に出逢えるか楽しみだ。 保存鉄道は 1984 年以降、廃線となった路線を順次復活し、全てボランティアにより蒸機とディーゼル機関車の運行を行っている。 正面入り口に案内板にはチケット売り場は左へ、列車に乗車は右へ進めと、矢印でなく手のイラストで表示。 次の列車は 11:20 発の蒸機ですよと掲示もある。 チケット売り場の内部には旧鉄道に関する資料の展示や各種パンフレットが置いてある。 窓口の女性お勧めの赤色の往復チケット(Round Trip)を購入する。

チケット売り場

チケット売り場内には旧ハニーボーン線(Honeybourne Line)時代の資料を展示

グロスターシャー・ウォーリックシャー鉄道(GWSR)
Gloucestershire Warwickshire Steam Railway

始発駅 競馬場駅の入り口

当時は終着駅であったトディントン(Toddington)の売店で購入した HO ゲージ蒸気機関車
(Jubilee Class 型式 45611 HONG KONG)は 79£と食堂車(BR MK1 Restaruant Car)は 19.9£、
私の仕事部屋に置き、睨める毎日である。 今回も客車を購入しようと狙っている。

旧鉄道時代のレトロなチケットカウンター

切符は確保したので急ごう！プラットホームへとスロープを降りると、ホームの待合所には鉄道に関するポスターや写真パネル雑誌などの展示がされている。　ホームに立て看板があり、食堂車では軽食が可能とのことなので楽しみだ。　出発時刻の 11:20 が近づくにつれ乗客が増え 20 人ぐらいとなる。　遠くで汽笛は聞こえ、まだかまだかと線路の遠くを眺めて一点集中。　皆の待ち遠しい様子はまるで子供のよう。　実に生き生きとしている。

　蒸気機関車(型式:92203)は 1959 年製造(Swindon railway works)のイギリス国鉄(Britisch Railways)標準クラス 9F 型。1950 年代にイギリス鉄道向けに標準化設計された最後の機関車で、長距離で高速の重貨物牽引に使用された。　1967 年に運用から外れ、各地の保存鉄道を渡り歩き、2004 年にグロスターシャー・ウォーリックシャー鉄道でオーバーホールされた後、2011 年まで運用。　その後、ノースノーフォーク鉄道(North Norfolk Railway)でオーバーホールを受けた後、その地で 2014 年に運行を開始し 2015 年に正式に転籍した。　2022 年の訪問時には、この型式 92203 ブラックプリンス(Black Prince)に再会できないのが残念だが、実は転籍先まで追い駆ける予定だ。　客車は 1951 年から 1963 年にかけて製造されたイギリスの代表的な車両(型式:Mark 1)、6 両編成である。　2 等普通客車、コンパートメント客車、食堂車を連結したチョコレートとクリーム色のツートン塗装である。　乗り降りのドアは手動外開き、降車時には窓を下げ、手を外側に出してレバーを廻し開く。　車体は車両限界ぎりぎりまで幅を膨らませて製造している。　鋼板や窓ガラスの曲げ加工が必要でコストアップになるが、さすが大英帝国の車両設計思想は素晴らしい。　窓枠の隅も丸みを持たせ、なんと乗り降りのドアもカーブし弓なりになっているではないか。

蒸機は機廻し後、最後尾に前向きで連結

凄いスピードで汽笛を鳴らし入線

到着はバックスタイル

型式:92203
BLACK PRINCE

LIGHT
REFRESHMENTS
are available
from the
BUFFET
on the
TRAIN

遠くで汽笛は聞こえるが、姿は見えない！

WAITING ROOM

コンパートメント客車

待合所には旧ハニーボーン線の資料が展示

BLACK PRINCE（型式：92203）は出発前の準備を開始。機関士はイギリス国鉄の OB でボランティアをしているのだろうか、汗水たらしながら石炭を罐に投入する姿は頼もしい。 チェルトナム競馬場駅では給炭・給水作業はなく、トディントン駅の機関庫でしているのだろう。 次は客車と切り離し機廻し作業に着手する。 蒸機は国道 A435 の Evesham Rood の下を潜り見えなくなるが、見せ場なのか全力疾走で皆の注目する前を通り過ぎ、車両の最後部に機廻し、皆もホームを駆けっこしながら移動する。 鉄道ファンにとってはこの瞬間が堪らないのだ。

機廻し開始

小学/中学時代に鉄道ファンであった私だが、石炭の香りや煙、蒸気、ドラフト音が子供の頃に引き戻してくれる。 そんな私も、環境関連の機械プラントエンジニアとして高度成長時代を仕事一筋に生き抜きいてきた。 鉄道に興味があっても、そんな余裕はなく、鉄道で出張する機会は多くあったが鉄道の写真は一枚もない。 振り返れば仕事の写真ばかりである。

定年退職60歳でイギリスに遊学し、40 年ぶりに蒸気機関車に乗り、子供の頃を思い起こした。これをきっかけに蒸機を追い駆ける旅に夢中になる。 イギリス遊学は、鉄道趣味の原点を思い起こさせる旅となったのである。 蒸機の駆動音や煙の匂い、車窓から移り変わる景色を見ていると、何故か胸がいっぱいになった。 忘れられない思い出だ。

出発準備完了 写真を写してるのはどこの東洋人かと
機関士も余裕の顔つき、
撮影後に手を挙げ From Japan と挨拶すると笑顔が返ってきた！

蒸機は機廻し後、客車の先頭に連結

普通席客車

皆、連結の瞬間に一点集中、この瞬間が堪らない

車内ではここだけの鉄道
エールビール（Rail Ale）

WINCHCOMBE

Gloucestershire
Warwickshire
Railway

Timetable 2008

www.gwsr.com

ウィンチカム
Winchcombe 駅に到着

遊学時、チェルトナム競馬場を 11:20 に出発し、トディントン(Toddington)駅に 11:53 到着。 乗客のほとんどは折り返しとなる 12:15 発で戻るようである。 約 20 分の停車なので乗客は土産物売り場で品定め、私も HO ゲージ鉄道模型の蒸機と客車を購入(約 100 £)した。 よく頑張った60歳の私へのご褒美に購入し、リュックのパッキングで一番安全な場所を確保し、大切に持ち帰った。GWSR は 2008 年 11 月にはトディントン駅までの運行であったが、鉄道を愛するボランティア団体や同好会の努力により、2018 年には、この先のブロードウェイ(Broadway)まで約 5mile 伸延を果たした。 2022 年の再訪問時には、競馬場からブロードウェイまでの乗車を楽しむ。

Toddington 駅　出発までのひと時

売店で写真を撮っても良いかと聞くと
おじさんポーズを取ってくれた

ウィンカム駅とトディントン駅の中間にあるヘイルズ・修道院停留所(Hayles Abbey Halt)には、リクエストストップできる。　近くに 1246 年に建てられたシトー派の修道院の跡地、ヘイルズ・アビー(Hailes Abbey)がある。1539 年の宗教改革により破壊され廃墟になったが、石造りのアーチだけがそのまま残っている。

トディントン
Toddington 駅

トディントン
狭軌鉄道
Toddington
Narrow
Gauge
Railway

Didbrook

Hailes　Abbey
Halt　停留所

ヘイルズ・修道院廃墟
Hailes Abbey

ウィンチカム
Winchcombe 駅

駅舎

Hailes

Greet

グロスターシャー・ウォーリックシャー鉄道
Gloucestershire Warwickshire
Steam Railway

廃墟　　農園

ヘイルズ・フルーツ・ファーム
Hayles Fruit Farm

駅舎

チケット売り場は混雑

土産物売店

トディントン駅で 12:15 発のチェルトナム競馬場行きの戻り列車を見送る。 雨模様だが蒸機はへっちゃら、車掌は出発 OK の合図をして飛び乗る。 機関士は汽笛を鳴らし二人の息はピッタリだ。 見送った後、オリンパス E-410 にトラブル発生。 ビューファインダーに「電池がなくなりました」とメッセージが表示されているではないか。 予備の電池はホームステイ宅にあるが残念、気を取り直して駅前のレストランで食事をしよう。 お勧めのトマトスープとパンのセットがあったので注文、体が温まり生きがえった。

雨模様なのでサイクリングは中止。 行きたかったのは、修道院の跡地であるヘイルズ・アビー(Hailes Abbey)の隣にヘイルズ・フルーツ・ファーム(Hayles Fruit Farm)という農園がある。 開園は 9:00〜17:00 入場は無料、園内のカフェレストランでは地元産の食材を使ったランチがお勧め。 ハム、チーズ、トマト、キュウリ、ポテトサラダ、野菜、林檎などを好きなだけ皿に盛り付けるスタイルのワンプレートランチが楽しめる。 季節によりアスパラガス、苺、ラズベリー類、秋にはリンゴや洋梨、プラムの収穫(籠に入れて秤売り)もできる。 駅から徒歩約 50 分、3.5 kmと少し距離があるが、イギリスの農園体験を是非一度お試しを。 次回が楽しみである。(http://www.haylesfruitfarm.co.uk)

ホーム後方 乗車しないでこれから Flag＆Whistle Café タイム

出発は 12:15 なのに、遅れ出発は気にならない様子！

Toddington 駅 出発 ホーム前方

2、イギリスの原風景が残るコッツウォルズ(Cotswolds)

Bourton on the Water と Upper & Loewr Slaughter
ボートン オン ザ ウォーター　　　アッパー　ロアー スローター

憧れのコッツウォルズ、遊学したチェルトナムから蜂蜜色の家と可愛い村々を巡る

　ボートン・オン・ザ・ウォーター(Bourton on the Water)は、中心を流れるウィンドラッシュ川にいくつもの小さな石橋が架かり、コッツウォルズのベネツィアとも呼ばれる。　川沿いのメインストリートのハイストリート(High St.)には、テラス席のあるカフェやパブ、レストラン、洋品店や小物の店、土産物店、B&Bホテル、自転車屋もあり、村なのに賑やかな町の様相を見せる。　ここが旅人を引き付ける魅力なのだ。

　街にはこの地方で採れるライムストーン(Limestone)と呼ばれる石灰岩で建てられた家並みが広がり、郊外には緑の丘に牧歌的な農場や牧場が広がり白い羊が草を食むのに出合える。　羊達を横目に、村々をつなぐフットパス(footpath)という道でウォーキング体験をするのもコッツウォルズ旅の楽しみの一つである。

　イギリスでのフットパスとは、歩行者に通行権が保証されている道のことであり、イギリス発祥の「歩くことを楽しむための道」である。　農村部を中心に、イギリス国内を網の目のように張り巡らされた公共の散歩道であり、川や丘、農場や私有地の敷地内を通る道もある。　100年以上前から歩く権利が認められ、自己責任で歩くことを大切にする文化が醸成されている。　国内にはナショナル・トレイルズ(National Trails)と呼ばれる長距離遊歩道が整備され、その一つにコッツウォルド・ウェイ(The Cotswold Way)がある。　コッツウォルズ地方を縦断し、チッピング・カムデン(Chipping Campden)からバース(Bath)迄の全長163km、約7日間の道のりである。　途中でコッツウォルズへの玄関口であるチェルトナムを通り、遊学時はコッツウォルド・ウェイの一部を歩くことを体験した。　次回は全走破しようと、ナショナル・トレイル発行のガイドブック(The Cotswold Way)12.99£を購入している。

　話を戻そう、ボートン・オン・ザ・ウォーターでは、ウィンドラッシュ川のほとりを散歩しながら観光案内所に行くとフットパスやサイクリングの地図やアドバイスが得られる。　周辺にある小川や水路沿いの水辺にはフットパスが整備され、鴨やアヒル達の野鳥の楽園、緑に囲まれた自然と触れ合うことができる。

　もう一つ忘れてはならないのが、昔のままひっそりと佇む二つの村へウォーキングだ。　ウィンドラッシュ川から北へ約3km、フットパスを20分程歩くとロアースローター(Loewr Slaughter)という静かで癒される村に着く。　アイ川に沿って石造りの家々が並び、蜂蜜色のコッツウォルズ・ストーンの黄金色が眩しく、その水辺には水鳥が戯れ幸せそうな光景に出逢える。　村にはパブがあり、カフェやランチが楽しめる。　村の外れには水車小屋博物館(The Old Mill Museum)と、その煉瓦造りの煙突が見える。　小さな石橋を渡り行って見よう。　11世紀に建てられた製粉所で水車の動力を利用し、ミルを回転させて小麦を粉にしていたが、今ではその歴史や暮らしぶりを伝える博物館となっている。　併設されているショップはコッツウォルズ・ベスト・クラフトショップに選ばれているそうだ。

　アイ川に沿ったフットパスを北へ約1.6km、20分程でアッパースローター(Upper Slaughter)の村が

見えてくる。　ここを訪れたのは村を流れるアイ川の浅瀬に川を渡る道、フォードと呼ばれる渡り場 (Ford)があるのを知って、マイブロンプトンで水飛沫をあげながら渡りたいという思いからであった。 傍には歩行者用の小さな石橋があるので安心して欲しい。　何もなく都会人にとっては癒される村 だが、人気の秘密はマナーハウスホテル、ローズ・オブ・ザ・マナー(Lords of the Wanor)はミシュラ ン星付きのレストランでちょっとリッチな贅沢な食事(要予約)が味わえるが、それなりの服装が求め られる。　訪れた秋の終わり、そのイングリッシュガーデンの庭には赤いリンゴが落下し、緑の芝生の 上に芸術的な林檎模様が描かれていたのが印象に残る。

　アッパースローターから西へ約 4.8 ㎞と少し距離があるが、徒歩約 1 時間(自転車約 20 分)の所 にあるノーントン(Naunton)村にパブ・ブラックホースイン(Black Horse Inn)がある。　途中の丘陵牧 草地には草を食む羊、道端には地域独特の石板を縦に積み重ねた石垣が見られる。

ボートン・オン・ザ・ウォーター
(Bourton on the Water)

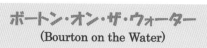

　コッツウォルズへの玄関口、チェルトナム・スパ駅からボートン・オン・ザ・ウォーターに行くには、駅前から路線バス（No. D,E 系統）で市内の Clarence Parade バス停で下車（10 分間隔、乗車時間約 10 分）、ロイヤル・ウェル・バス・ステーション（Royal Well Bus Station）へ徒歩 1 分。　路線バス（No.801 系統）に乗り換え約 1 時間でボートン・オン・ザ・ウォーターのメイン通りのハイストリート（High St.）にあるバス停（Edinburgh Wool Shop）に着く。　帰りは道路を隔てて反対側のバス停

2022 年

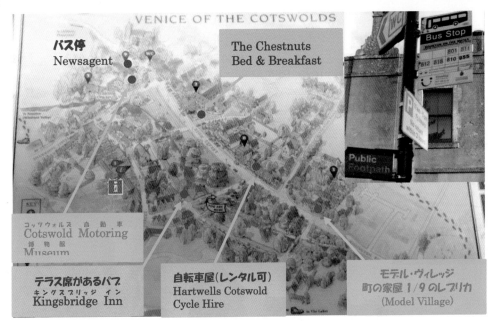

VENICE OF THE COTSWOLDS

バス停
Newsagent

The Chestnuts
Bed & Breakfast

コッツウォルズ　自動車
Cotswold Motoring
博物館
Museum

テラス席があるパブ
キングスブリッジ　イン
Kingsbridge Inn

自転車屋(レンタル可)
Hartwells Cotswold
Cycle Hire

モデル・ヴィレッジ
町の家屋 1/9 のレプリカ
(Model Village)

(Newsagent)からNo.801 系統に乗車し、ロイヤル・ウェル・バス・ステーションで乗り換え、徒歩５分の所にあるバス停 George Hotel からNo.D,E 系統に乗車してチェルトナム・スパ駅に戻ることになる。往と復ではバス停の名前と場所が違うので気を付けて欲しい。　No.801　系統バスは日曜日が運休なのでプラン計画時には要注意。　2022 年訪れた時も、遊学時の 2008 年のまま迎えてくれた。

Upper Slaughter と Loewr Slaughter 癒される田舎へ

ボートン・オン・ザ・ウォーターからロアー・スローターに行くには、バス停 Edinburgh Wool Shop から路線バス（No.801 系統）で約 16 分、国道(A429)にあるバス停 Slaughter Pike で下車し、徒歩 11 分。　帰りは逆に同じNo.801 系統でバス停 Newsagent に着く。　往と復では出発到着のバス停の名前は違うが場所は同じで、ハイストリートの道を挟んで対面にある。　路線バスと徒歩で約30分だが、標識が整備されているフットパスを歩いて約 20 分で着けるのでウォーキングがお勧め。

アッパー・スローター　遊学時

アッパー・スローター　2022 年

　アッパー・スローターへはフットパスを歩き約 20 分と近い。　ボートン・オン・ザ・ウォーターのウィンドラッシュ川畔にあるオールド・マンセ・ホテル(Old Manse Hotel)に予約しているので、ウィンドラッシュ川とアイ川沿いを散歩し、夕焼けと朝焼けの撮影を狙う。

パブ The Black Horse Inn
2022 年

チェルトナム・スパ駅前から市内行きの路線バス(No.D,E系統)に乗車、約8分(10分間隔)でバス停 Clarence Parade arrival で下車し、バス停のあるクリアランスパレード(A46)通りを少し戻ることになるが、徒歩1分でボートン・オン・ザ・ウォーター(Bourton-on-the-Water)への乗り継ぎのロイヤル・ウエル・バス・ステーション(Royal Well Bus Station)がある。　ボートン・オン・ザ・ウォーター行きのバス(801系統)に乗車し約1時間でバス停 Newsagent に着く。　ウィンドラッシュ川(River Windrush)を渡ると、観光案内所(Visitor Information Centre)があるのでフットパスの地図を手に入れよう。　宿に荷物を預け、約5mile(8km)、2時間30分のフットパスウォーキングを開始。　このコースはコッツウォルズの草原、すなわち緑がご馳走の自然だ。水辺に沿う道を歩けば野鳥の宝庫に出逢える。　進むと美しい小さな村クラプトン・オン・ザ・ヒル(Clapton on the Hill)に辿り着く。　町中に戻ったら、ウィンドラッシュ川に面しテラス席もあるパブ、キングズブリッジ・イン(The Kingsbridge Inn)で乾杯しよう。

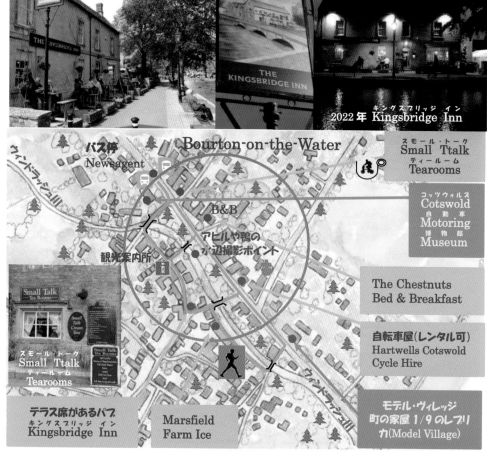

2022 年

2022 年 Kingsbridge Inn
キングスブリッジ イン

バス停
Newsagent

Bourton-on-the-Water

スモール・トーク
Small Ttalk
ティールーム
Tearooms

B&B

アヒルや鴨の
水辺撮影ポイント

観光案内所

コッツウォルズ
Cotswold
自動車
Motoring
博物館
Museum

The Chestnuts
Bed & Breakfast

Small Talk
Tea Rooms

スモール・トーク
Small Ttalk
ティールーム
Tearooms

自転車屋(レンタル可)
Hartwells Cotswold
Cycle Hire

テラス席があるパブ
キングス ブリッジ イン
Kingsbridge Inn

Marsfield
Farm Ice

モデル・ヴィレッジ
町の家屋1/9のレプリ
カ(Model Village)

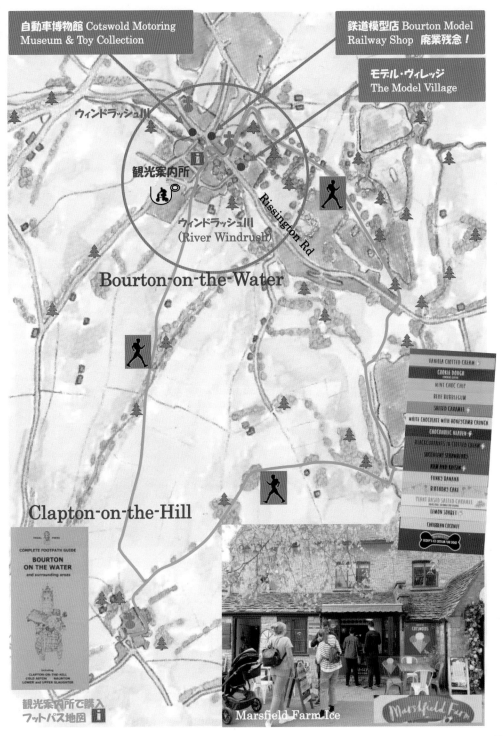

自動車博物館 Cotswold Motoring Museum & Toy Collection

鉄道模型店 Bourton Model Railway Shop 廃業残念！

モデル・ヴィレッジ The Model Village

ウィンドラッシュ川

観光案内所

ウィンドラッシュ川 (River Windrush)

Rissington Rd

Bourton-on-the-Water

Clapton-on-the-Hill

COMPLETE FOOTPATH GUIDE
BOURTON ON THE WATER
and surrounding areas

including
CLAPTON-ON-THE-HILL
COLD ASTON   BOURTON
LOWER and UPPER SLAUGHTER

観光案内所で購入
フットパス地図

VANILLA CLOTTED CREAM
COOKIE DOUGH
MINT CHOC CHIP
BLUE BUBBLEGUM
SALTED CARAMEL
WHITE CHOCOLATE WITH HONEYCOMB CRUNCH
CHOCOHOLIC HEAVEN
BLACKCURRANTS IN CLOTTED CREAM
SUCCULENT STRAWBERRY
RUM AND RAISIN
FUNKY BANANA
BIRTHDAY CAKE
PLANT BASED SALTED CARAMEL
LEMON SORBET
CARIBBEAN COCONUT

Marsfield Farm Ice

観光案内所で購入

フットパス地図

Naunton

パブ The Black Horse Inn

パブ The Black Horse Inn　2022 年

※

　フットパス体験は、ボートン・オン・ザ・ウォーターの観光案内所から約 20 分でロアースローター村へ。　蜂蜜色の家並みは夕焼けに照らされると黄金色に輝く。　アイ川(River Eye)に沿ってフットパスを約 20 分歩くとアッパースローター村。　お目当てのアイ川の渡り場に着く。　フットパスを満喫す

Public Bridleway

フットパス
Public Bridleway

St Peter's Church

アイ川

Upper Slaugher

ローズ・オブ・ザ・マナー
Lords off The Manor
Hotel

アイ川の渡り場
フォード(Ford)

ホテルの中庭

2022 年

Monarch's Way

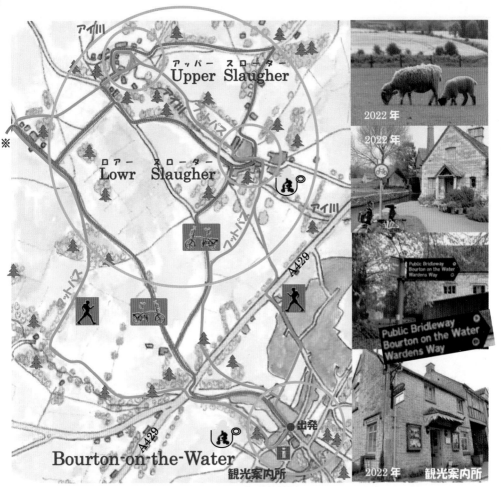

アイ川
アッパー　スローター
Upper　Slaugher

アイ川
フットバス

ロアー　スローター
Lowr　Slaugher

アイ川

A429

A429

●出発

観光案内所

2022年

2022年

Public Bridleway
Bourton on the Water
Wardens Way

**Public Bridleway
Bourton on the Water
Wardens Way**

2022年　観光案内所

Bourton-on-the-Water

るには少し大回りの周回コースを選択しよう。　約1時間で戻れる。　ボートン・オン・ザ・ウォーターの
ハイストリート(High St.)にある自転車屋(Hartwells Cotswold Cycle Hire)でレンタル自転車を借り周辺
をサイクリング。コッツウォルズの丘陵を走り、緑の香り風を感じよう。　ノーントン(Naunton)村に足を
延ばせば、途中の丘陵牧草地には草を食む羊、道端には地域独特の石板を縦に積み重ねた石垣

フットパ

水車小屋博物館
The Old Mill　Museum

Lowr　Slaugher

St Mary`s
Church
The Slaughters
Manor House

アイ川

アヒルと
鴨の楽園

ホテル
The Slaughters
Country Inn

が見られる。　小さい村にもパブ・ブラック
ホースイン(Black Horse Inn)があるので
楽しみなのだ。　往復で約2時間もあれ
ばサイクリングと田舎パブ体験ができる。
観光案内所(www.bourtoninfo.com)を出
発点にしたのは、地図の購入とスタッフ
にルートを確認できるからだ。　営業時
間は4月から10月は月曜〜土曜・9:30
〜17:00、日曜・10:00〜14:00(5月〜9月
のみ)、11月から3月は月曜〜土曜・
9:30〜16:00、日曜・休みとなる。

ウィンドラッシュ川(River Windrush)の河畔は遊学時と変わらず市民の憩いの場だ。 夜になると川面に街灯の光が映り幻想的な世界に変わる。 パブ"Kingsbridge"のカウンターでビールを注文しその場で現金を支払い、ジョッキ片手に空いているオープン席を確保し行き交う人をウォッチング。 酔いが回ったところで今宵の宿オールド・マンセ・ホテル(Old Manse Hotel)でディナーと洒落込もう。

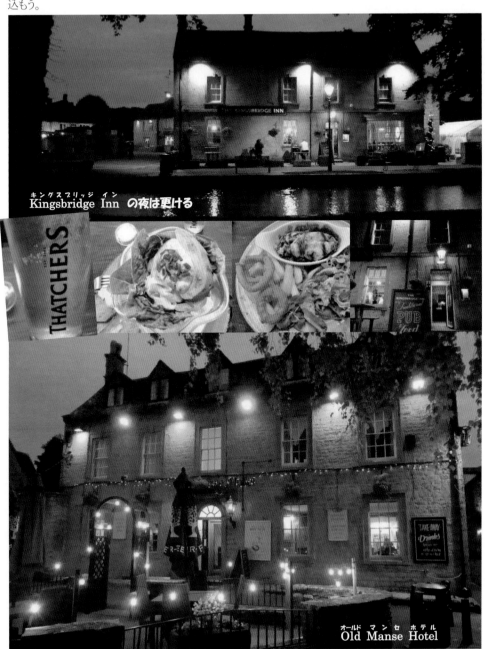

キングス ブリッジ イン
Kingsbridge Inn の夜は更ける

オールド マンセ ホテル
Old Manse Hotel

　オックスフォード(Oxford)の中心街は、オックスフォード駅から少し離れていて東へ徒歩約10分。街のシンボルである 1032 年に建てられたカーファックス塔(CarfaxTower)が見えてくる。 メイン道路のハイ・ストリート(High St.)周辺には13 世紀に開校した自然科学分野に科学者を送り出す名門校のユニバーシティ・カレッジ(University College)、12 世紀に修道院として建てられたことからチャーチという名が残されている名門校クライスト・チャーチ(Christ Church)、1264 年に建てられ中世の面影を残すオックスフォード最古の常設大学のマートン・カレッジ(Merton College)など、アカデミックな 45 もの専門的な学問を学ぶ学寮・カレッジの総称がオックスフォード大学と呼ばれている大学群は、伝統的な学問の街として独特の雰囲気を醸し出す学園都市となっている。

　見どころは多いが、後ろ髪を引かれる思いで街の散歩は駆け足で済ませ、旅の目的であるオックスフォード運河（Oxford Canal） に沿ったトゥパス(Towpath)のウォーキングを初級体験する。

　テムズ川(River Thames)とその支流チャーウェル川(River Cherwell)に囲まれた街の西の端にオックスフォード駅がある。 オックスフォード運河は、ナショナルレール(National Rail)の路線に並行に北へ向かい、テムズ川の支流との合流部から北へ 78mile(126 km)、田園地帯を通り、イングランド中央部のミッドランズ(Midlands)の運河網であるコベントリー運河(Coventry Canal)と繋がるコベントリー(Coventry)近くまで延びている。 産業革命の全盛時には、コッツウォルズ地域から石炭や材木等の資源や毛織物の製品がこの運河網とテムズ川を利用してロンドンに運ばれていた。 ミッドランドとロンドン間の主要な幹線運河だったのだ。 行き交う船で賑わう光景が目に浮かぶようだ。 19 世紀には運河による物資輸送が鉄道に置き換わり廃運河となっていたが、20 世紀後半に

は歴史遺産として見直され、今ではレジャー用として復活を遂げた。 オックスフォード運河は、イギリスで最も美しく人気のクルージング運河だそうだ。 牧草地を通る途中には小さな町や村が点在し、田舎のパブを訪れるのも良い。 特にバンベリー(Banbury)の田舎町には昔からのパブが残り、中世では周辺の村から食材の買い出しに来る村人達で賑わう市場町であった。

　ナローボートや運河の歴史、繁栄や衰退について興味が膨らむが、今回の目的は運河に沿ったトゥパスのウォーキング体験である。 実は、イギリス遊学時の体験実習メニューの一つだったのだ。

　遊学時のホームステイ先チェルトナム。 そのチェルトナム・スパ(Cheltanham Spa)駅からオックスフォード駅へ Crosscountry 鉄道やGWR鉄道などの乗り換えも含め約1時間半から2時間で着く。 駅から Hythe Bridge Str. に出て約5分歩くと、テムズ川の支流キャッスル・ミル・ストリーム(Castle Mill Stream)に架かる橋に出るが、オックスフォード運河への標識矢印がある。 左折し、左側のキャッスル・ミル・ストリームと右側のオックスフォード運河との間にある遊歩道(歩行者と自転車専用の小道)を歩く。 なぜ川と運河が並行するのか不思議であったが、少し先に相互に行き来できるロック(閘門)があるではないか。 なるほど不思議発見、ここからがオックスフォード運河に沿ったトゥパスを歩くことになる。 サマーシーズンは賑わうが、静寂な枯葉の季節も穴場だ。

A

2022 年

2022 年

アーチ橋(№.243)、ここには
運河とテムズ川支流へ相互の
連絡用ロック(閘門)がある

市街地と駅方面の標識

c

　スタート地点からのフットパスのオックスフォード運河とテムズ川支流に挟まれた細い遊歩道を歩くと、運河を跨ぐアーチ橋(№.243)が見えてくる。　ここには運河とテムズ川支流へ相互の連絡用ロック(閘門)がある。　ナローボートは産業革命の頃このロックを通り、イングランド中央部のミッドランズ(Midlands)からこのオックスフォード運河を通り、テムズ川を経由してロンドンへの物資輸送していたのだ。　その時代の橋のデザインは、石造りで曲線と直線を組み合わせ、自転車や歩行者に優しいスロープを採用。　当時の雰囲気がそのまま残され、癒しの空間となっているのには驚かされる。

COLLEGE CRUISERS
REPAIRS, FACILITIES
& HIRE
01865-554543

ナローボートのレンタル会社
カレッジ・クルーサービス
Colloge Cruisers

PUMP OUT
£20

煉瓦造りのアーチ橋(№242)で休憩タイム。　産業革命の頃に運河網が張り巡らされ、ナローボートを馬が引き歩いた運河沿いの道はトゥパス(Towpath)と呼ばれ、今では歩行者と自転車族が楽しめる遊歩道となり付近住民の散歩道でもある。　2022年に足跡を辿る旅として再度トゥパスサイクリングをしたが、2008 年の遊学時に見かけたのと同じナローボートが同じ場所に係留されており、時間が止まっているかのようである。　秋と春の違いはあるが何も変わっていないのが嬉しい。

D

煉瓦造りアーチ橋

トゥパスは付近住民の散歩道 2022

E

煉瓦造りアーチ橋の上から撮影

鴨達のサークル遊泳

F

煉瓦造りアーチ橋と
ウルバーコート・ロック

ゲート1

ウルバーコート ロック
Wolvercote Lock

British Waterway
Wolvercote Lock

リフトブリッジへ

ゲート2

ウルバーコート ロック
Wolvercote Lock

オックスフォード運河のトゥパスウオークで楽しみにしていたウルバーコート・ロック(Wolvercote Lock)には徒歩で約1時間(自転車約20分)、距離は3mile(4.8 km)。 落ち葉が美しく秋らしい静寂な空間に現れた。 少し先にはリフトブリッジもある。 初級トゥパス体験の目的を達成。 Uターンし戻ることにした。

バンベリーへ
Banbury

バイチェスター ビレッジ
Bicester Villageへ

リフト ブリッジ
Lift Bridge

トゥパス折り返し点

ウルバーコート ロック
Wolvercote Lock

煉瓦造りアーチ橋

煉瓦造り
アーチ橋で休憩

鉄道ガード下を
潜る

リフト ブリッジ
Lift Bridge

オックスフォード運河
(Oxford Canal)

運河に沿ったトゥパスはウォーキング道(自転車可)

E

COLLEGE CRUISERS
OXFORD

橋

橋

橋

ナローボートのレンタル会社/カレッジ・クルーサービス
Colloge Cruisers

煉瓦造りアーチ橋で休憩

オックスフォード運河とテムズ川支流への連絡ロックと運河を跨ぐアーチ橋

オックスフォード運河トゥパスのスタート地点

D

G

リフトブリッジ

C

A

B

Oxford

このエリアはナローボート係留地、この先のオックスフォード運河は行き止まり

オックスフォード
Oxford 駅駅前バスターミナル

Londonへ

91

　遊学時は秋の寒い季節でナローボートの航行は見かけなかった。2022 年の春は、季節柄オックスフォードブルーのナローボート日和であり、船が行き交い、運良く閘門作業に遭遇。 操船と作業の二人は息がぴったりである。 また、ナローボートカフェも営業中だが先を急ぐのでパスした。 残念だ。

遊学時はこのリフトブリッジ(Lift Bridge)で U ターン、今回はこの先にある"The Jolly Boatman-Thrupp" パブを目指して走るトウパスサイクリング。

開門作業にはワンも参加、操作している相棒は開門の連続なので、ナローボートに載せているブロンプトンで先回りしながら開閉作業なのだ。

英国の5月、オックスフォード運河に朝日が射し込み、新緑木漏れ日の世界。通りすがり挨拶をするのがエチケット、振り向くと煉瓦造りのアーチ橋と運河の開門ゲートが産業革命頃からの変わらない雰囲気が漂う。何処にお出かけなのだろう。

春の新緑に囲まれ、木漏れ日の射す（Wolvercote Lock）

Oxford（オックスフォード）の街と運河を訪れたのは、12年前の足跡を辿る旅

　2022年春の5月、オックスフォード市街のブロードストリート(Broad St.)にあるホテル/ザ・バタフライ(The Buttery)に前泊、隣には観光案内所(9:00オープン)があるのでお勧めの宿だ。　朝から懐かしい街中を散歩、遊学時に歩いたオックスフォード運河トゥパスの足跡を訪れると、13年前と変わらずそのままの姿で、今も運河が流れる光景に出逢えた。　しかし、季節の違いで枯葉が美しい黄色から樹木の緑一面の世界へと、季節によってこんなにも変化するものだということを実感。

　テムズ川の支流キャッスル・ミル・ストリーム(Castle Mill Stream)とオックスフォード運河が相互に行き来できるロック(閘門)、そのロックを跨ぐ芸術的なアーチ橋で休憩しよう。　進むと、ナローボートのレンタル会社カレッジ・クルーサービス(Colloge Cruisers)周辺も、昔と何一つ変わらない光景なのが嬉しい。　前回Uターンしたウルバーコート・ロック(Wolvercote Lock)も何も変わらないが、煉瓦造りのアーチ橋のトンネル部の壁の落書きが増えた。　ここでは落書きも芸術に見える。

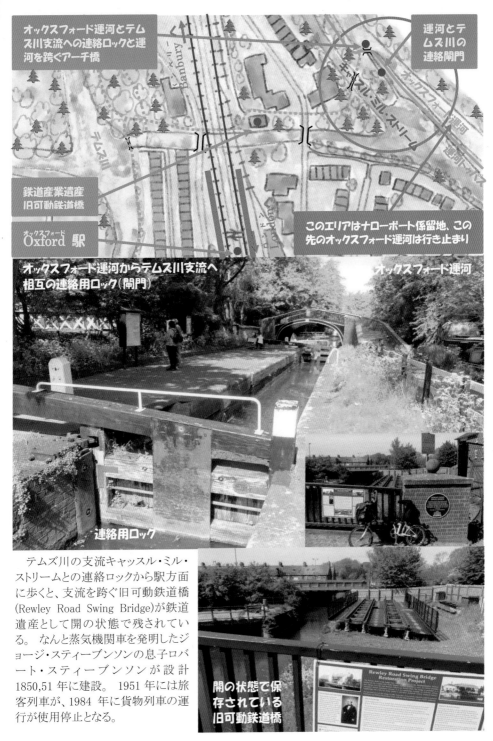

オックスフォード運河とテムズ川支流への連絡ロックと運河を跨ぐアーチ橋

運河とテムズ川の連絡閘門

鉄道産業遺産 旧可動鉄道橋

Oxford 駅

このエリアはナローボート係留地、この先のオックスフォード運河は行き止まり

オックスフォード運河からテムズ川支流へ相互の連絡用ロック（閘門）

オックスフォード運河

連絡用ロック

開の状態で保存されている旧可動鉄道橋

テムズ川の支流キャッスル・ミル・ストリームとの連絡ロックから駅方面に歩くと、支流を跨ぐ旧可動鉄道橋(Rewley Road Swing Bridge)が鉄道遺産として開の状態で残されている。 なんと蒸気機関車を発明したジョージ・スティーブンソンの息子ロバート・スティーブンソンが設計1850,51 年に建設。 1951 年には旅客列車が、1984 年に貨物列車の運行が使用停止となる。

13 年ぶりのオックスフォード運河。　遊学時の足跡を辿るとトゥパスは何一つ変わることなくそのまま
の姿で迎えてくれた。　お目当てのパブは The Jolly Boatman-Thrupp。　実は、案内所で入手した
パンフレットの表紙にパラソルが開いた運河沿いのパブの写真を忘れられず訪れた。　オックスフォ
ード駅から自転車でトゥパスを走り約 40 分（徒歩約 2 時間 10 分）、帰りはパブ前の道路(Banbury
Rd(A4260))を運河に沿って徒歩 2 分程戻るとバス停 Langford Lane があり、路線バス S4gold に乗車
し、Oxford City Centre(Magdalen St stop C6)には約 30 分で着く。　駅まで徒歩約 15 分で戻れる。
　パブは 12:00 がオープンなので運河沿いのベンチでランチを楽しもう。　英国のパブではカウンタ
ーでビールとランチを注文し支払いをするのだが、酒は自分で空いている好きな席に持って行き、ラ
ンチはテーブル番号を言っておくとスタッフが席まで届けてくれるシステムだ。

The Jolly Boatman-Thrupp
パブ(イギリス料理)

www.jollyboatman.com

　目玉焼きの下に隠れていた真っ黒いソーセージのような輪切りは、聞くと"ブラック・プディング"(Black Pudding)、調べると豚の血にオーツ麦、ハーブやスパイス類、豚の脂肪分を混ぜ合わせたソーセージ。　宿ではイングリッシュ・ブレックファストに幾度も登場することになる。　吃驚！

Steak ＆ Stilton Suet Pudding
Served with skin on fries or mash,
caraway buttered shredded savoy
cabbage, peas & gravy
£15.95

第5章
英国/蒸機保存鉄道

グロスターシャー・ウォーリックシャー鉄道 Winchcombe 駅 ディンモアマナー 型式:7820
(Gloucestershire Warwickshire Steam Railway)

　定年退職時に頑張った自分へのご褒美にイギリスの原風景が残るコッツウォルズ地方、チェルトナムに遊学ホームステイしたときの足跡を辿る旅に出る。　ホームステイ先のチェルトナム市街の外れにあるチェルトナム競馬場(Cheltenham Racecourse)からその当時はトディントン(Toddington)まで、グロスターシャー・ウォーリックシャー保存鉄道が運行。　なんと標準軌の大形蒸機が牽引する列車を走らせていたのだ。　遊学した 2008 年ではチェルトナム競馬場からトディントン駅までの運行であったが、今ではブロードウェイまで伸延を果たしている。

　英国の産業を支え続けた蒸気機関車群は 1950 年代に段階的に廃止され始め、1968 年には最後の蒸気機関がブリティッシュ鉄道(British Railways)で運行の幕を閉じた。　その後、サウスウェールズ州バリー(South Wales Barry)のスクラップヤードで眠っていた蒸機をグロスターシャー・ウォーリックシャー鉄道が引き取り修復。1984 年には保存ボランティア団体により、トディントン Toddington 駅で 700 ヤード(640m)と短い距離であったが線路を再敷設し、蒸気機関車の運行が復活した。　順次ウィンチカムへ、チェルトナム競

馬場へ、2018 年には念願のブロードウェイまで伸延。 後は、英国鉄道の本線駅チェルトナム・スパから分断されているチェルトナム競馬場迄の路線復活に期待が掛かる。 それにしても、総延長約 23 km（14.25miles）の路線が復活したのだ。 ボランティア団体、協会の保存復活に注いだ熱意は素晴らしい。 遊学で訪れた 10 年以上も前と変わらない姿で私を迎えてくれる保存鉄道は、昔の良き時代の鉄道遺産というだけでなく、私達をタイムスリップさせてくれる癒しのひと時の時間を与えてくれる。 観光鉄道が全盛の日本とは違い、保存鉄道の運営に携わるボランティアの概念が習慣として根付いているイギリスが羨ましい。 古いものを大切にするという習慣は、年月を経て今も脈々と受け継がれているのだ。

　10 年以上前に乗車した大型蒸機"BLACK PRINCE（型式:92203）"に再会したいと思い調べると、2015 年にノース・ノーフォーク鉄道に転籍していることを知る。 2022 年 5 月の「遊学時の足跡を辿る旅」では、グロスターシャー・ウォーリックシャー鉄道を再訪問するがブラックプリンスには逢えない。 ならば、ノース・ノーフォーク鉄道へ追いかけて見ようという訳だ。 70 歳越えのおっさんが子供のころに戻る瞬間でもある。

　本章の英国蒸機保存鉄道の旅は、旧 GWR(Great Western Railway)の標準軌、軌間 1435 ㎜の保存鉄道を訪問。 再訪するグロスターシャー・ウォーリックシャー鉄道を含め大型蒸機が運行する 6 ヵ所の鉄道となる。

(1) チェルトナム(Cheltenham)から英国の原風景が残るコッツウォルズ北部外れを走るグロスターシャー・ウォーリックシャー鉄道(Gloucestershire Warwickshire Steam Railway)

(2) 北ウエールズのスランゴスレン(Llangollen)が始発、近くにはスランゴスレン運河や世界遺産登録されたポントカサステ水路橋(Pontcysyllte Aqueduct)があるスランゴスレン鉄道(Syd Fyenske Veteranjernbane)

(3) ロンドンの北東ノーフォーク州、北海沿岸に沿って走るノース・ノーフォーク鉄道(North Norfolk Railway)ではブラックプリンスとの再会

(4) バーミンガムの南西、セヴァーン川渓谷に沿って走るセヴァーン・ヴァレー鉄道(Severn Vally Railway)

(5) バーミンガムの北方、チャーネット川渓谷に沿った田舎を走るチャーネット・ヴァレー鉄道(Churnet Vally Railway)

(6) ロンドン南部ウェスト・サセックス州にある標準軌保存鉄道の名門であるブルーベル鉄道(Bluebell Railway)

　今回の旅では、英国鉄道の標準軌保存鉄道と鉄道博物館に的を絞り訪れた。 そこで見たこと感じたことは、鉄道発祥の地である英国鉄道の偉大さだった。 英国内には保存鉄道(Heritage railway)と呼ばれる鉄道が 100 以上存在する。 蒸気機関車やディーゼル機関車を動態保存し、運行日にはレトロな客車を牽引し私達を何だか懐かしい昔の良き時代にタイムスリップさせてくれる。 旅する前の事前準備に役立ったことは、英国には保存鉄道協会(Heritage Railway Association:HRA)があり、国内全ての保存鉄道や鉄道博物館がメンバー登録し所属している。 協会のホームページには各保存鉄道がリストアップ紹介され、標準ゲージ、狭軌、スチームセンター、路面電車、ケーブルカー、博物館等の各保存鉄道会社のホームページが見られるので是非活用して頂きたい。
(www.heritagerailways.com)

Winchcombe – Purple Timetable				
Today's Train Times				
Departure	Motive Power	Scheduled Platform	Destination	Arriving Back
10:26	Steam	2	Broadway	11:45
10:27	Steam	1	Cheltenham Race Course	11:38
11:46	Steam	2	Broadway	13:10
11:47	Steam	1	Cheltenham Race Course	13:08
13:12	Steam	1	Cheltenham Race Course	14:38
13:12	Steam	2	Broadway	14:45
14:47	Steam	1	Cheltenham Race Course	16:03
14:48	Steam	2	Broadway	16:05
16:07	Diesel	1	Cheltenham Race Course	17:03
16:10	Steam		Toddington via Broadway	Terminates
17:04	Diesel	1	Toddington	Terminates

Time of last complete line round trip: 14:48 – arrives back at 17:03

Greet

Cheltenham Race Course

バス停

撮影ポイント

トディントンからの
バス停(656系統)

跨線橋

バス停

駅舎

ウィンチカム駅から徒
歩約20分、自転車
約6分でウィンチカム
の町中へ

ウィンチカム
Winchcombe 駅

車庫、修復整備工場

鉄道遺産の車両
屋外保存エリア

タブレット交換

　遊学時には列車で通過してしまったが、今回は丘の上にある田舎町ウィンチカム(Winchcombe)の"The White Hart Inn"に前泊している。　チェルトナム・スパ(Cheltenham Spa)駅から路線バスもあるが、夜遅くなったのでタクシーで30£(チップ含む)。　ウィンチカム10:26発の列車で隣の駅トディントン(Toddington)に向かうのだが、余裕を持って駅に着くと、汽車の汽笛が聞こえるではないか。　慌ててホームに出るとチェルトナム・スパ駅10:00始発用の回送列車だった。　駅に進入時にはタブレット交

Winchcombe 駅タブレット受け渡し、チェルトナムへの回送列車

グロスターシャー・ウォーリックシャー鉄道 www.gwsr.com
(GWSR:Gloucestershire Warwickshire Steam Railway)
2022 年再訪問の旅では、ウィンチカム(Winchcombe)駅と
トディントン(Toddington)駅に的を絞り、蒸機とディーゼルを追いかけた。

Winchcombe 駅玄関

Toddington へ

NEXT
DEPARTURE
from PLATFORM ONE is to
CHELTENHAM RACE COURSE

from PLATFORM TWO is to
BROADWAY

換、折り返しのこの列車に乗ることになる。 蒸機は GWR 7800 クラスの型式:7820。 愛称はディン
モアマナー(Dinmore Manor)。 軸配置 4-6-0。1950 年スウィンドンで製造され主に GWR の農村ル
ート、特に旧カンブリア鉄道の貨物用に使用された。 所有者は Dinmore Manor Locomotive
Limited で、7820 等の修復、運用、オーバーホールをするために設立された非営利企業である。

Winchcombe 駅

朝早く駅舎内ホームでカフェタイム

　グロスターシャー・ウォーリックシャー鉄道(GWSR)のウィンチカム駅から少し離れているが、徒歩約 35 分の所にウィンチカムの町がある。 1 階にレストランがあり、昔から地元の人に愛され賑わっている宿"White Hart Inn"に宿泊している。 かつてウィンチカムアビー修道院があり中世には巡礼地として栄えたが、宗教改革で取り壊され、その跡形もないがメイン通りはその当時の面影がある。 町のシンボルは聖ピーター教会(St. Peter`s Church)。そのほか、町外れに 12 世紀に建てられヘンリー8 世の最後の妻、キャサリン・パーが住んでいたシュードリー城(Sudeley Castle)、クイーンズ・ガーデン(Queen`s Garden)のバラ園などの見どころがある。 町中のハイレス・ストリート(Hailes Str.)から葡萄園通り(Vineyard Street)に入ると、城へ続く石畳の道には中世の石造りの家並みが残り、素朴で癒される。 徒歩約 15 分と散歩に最適の道である。 休憩はプラスタラーズ・アームズ・パブ(The Plaisterers Arms)で食事をしよう。

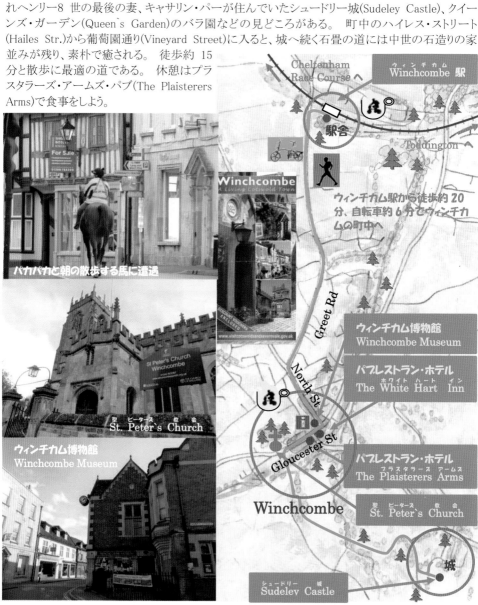

バカバカと朝の散歩する馬に遭遇

聖ピーターズ教会
St. Peter`s Church

ウィンチカム博物館
Winchcombe Museum

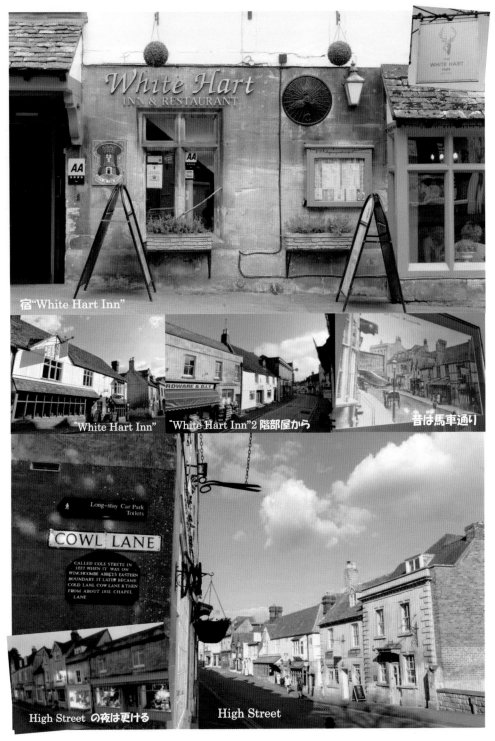

宿"White Hart Inn"

"White Hart Inn"　"White Hart Inn"2 階部屋から　昔は馬車通り

High Street の夜は更ける　High Street

COWL LANE

CALLED COLE STRETE IN
1587 WHEN IT WAS ON
WINCHCOMBE ABBEY'S EASTERN
BOUNDARY. IT LATER BECAME
COLD LANE, COW LANE & THEN
FROM ABOUT 1812 CHAPEL
LANE

Long-stay Car Park
Toilets

10:36Toddington トディントン 駅に到着

　チェルトナム・スパ駅からの一番列車が到着。　駆け足で跨線橋に駆け上り 2 番線ホームに駆け
降り、蒸機の機関室の給炭作業を撮影。　ぎりぎりで 10:26 発ブロードウェイ(Broadway)に乗車。ト
ディントン駅に 10:36 到着。　ホームに乗客が多く慎重に滑り込む。　遊学時に折り返した懐かしい
駅は何一つ変わらない。　その時は雨だったが、今度は快晴のブルースカイが迎えてくれた。

Toddington トディントン 駅

Winchcombe 駅に一番列車到着
ウィンチカム
"ディンモアマナー" 型式：7820

DINMORE MANOR

7820

BOOKING OFFICE
AND WAITING ROOM

停車中の給炭作業は忙しい！

トディントン(Toddington)駅はグロスターシャー・ウォーリックシャー鉄道(GWSR)の本拠地であり、機関庫や整備工場がある。 また、隣には 2 フィートのナローゲージ蒸機やディーゼル機関車を保有し、1 マイルの路線を走るノースグロスターシャー狭軌鉄道もあるので訪れてみよう。

駅前には Flag & Whistle Café があり、待ち時間の休憩に立ち寄って欲しい。 今回はスコーンとコーヒーで休憩タイム。 遊学時には自転車でサイクリングしようと走り出したが、雨と寒さから駅に U ターンし、パン付きのトマトスープで体が温まったのを思い出した。 今回の再訪問で鉄道ファンにとって耳よりな話を聞いた。 何と GSWR では駅舎の南にある機関車ヤード、機関庫には撮影エリアが設けられ、蒸機やディーゼル機関車の実機を直ぐ傍で撮影できるとのこと。 イギリス保存鉄道では、鉄道ファンにこのような配慮がなされており、羨ましい限りである。

レストラン Flag & Whistle Café

ブロードウェイからの蒸機がトディントン駅に到着

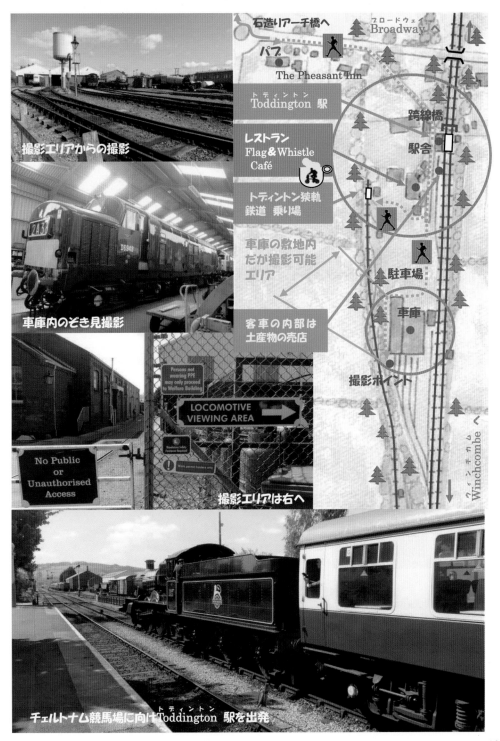

撮影エリアからの撮影

車庫内のぞき見撮影

石造りアーチ橋へ

ブロードウェイ
Broadway へ

パブ
The Pheasant Inn

トディントン
Toddington 駅

レストラン
Flag & Whistle
Café

トディントン狭軌
鉄道 乗り場

車庫の敷地内
だが撮影可能
エリア

客車の内部は
土産物の売店

跨線橋

駅舎

駐車場

車庫

撮影ポイント

ウィンチカム
Winchcombe へ

Persons not
wearing PPE
may only proceed
to Welfare Building

LOCOMOTIVE
VIEWING AREA →

Mandatory Safety
Footwear Required

No Public
or
Unauthorised
Access

撮影エリアは右へ

チェルトナム競馬場に向けToddington 駅を出発

ブロードウェイ行きがToddington 駅に入線 (トディントン)

チェルトナム競馬場からブロードウェイ行きの列車が入線してきた。　GWR4200クラスの型式：4270タンク機関車、軸配置2-8-0T、1919年スウインドンで製造され、主にサウスウエールズの炭田で短距離貨物輸送に使用する重機関車用に設計されている。　1962年に廃車となり、スクラップヤードで長く暮らした後、旧スウォンジー・バレー鉄道に救われ、2003年にここGSWRに移り修復開始。　やっとのことで2014年コッツウォルズ・フェスティバル・オブ・スチームでデビューし、GSWRのレギュラー機種となった。

11:56Toddington 駅到着 (トディントン)

11:35Toddington 駅をチェルトナム競馬場に向け出発

11:35 発のチェルトナム競馬場行きの蒸機(型式:7820)が発車。 天気が良く逆光の中に煙を残して走り去った。 静かな駅風景に戻るが腕木式信号がやけに新鮮に見える。

13:00Toddington 駅をチェルトナム競馬場に向け出発

　ブロードウェイからの蒸機型式：4270 が後ろ向きスタイルで 12:51 到着。 出発までの約 10 分間に給水作業を行う。 ハプニングがあり、給水オーバーで水が溢れ出すが皆大喜びである。 13:00 発チェルトナム競馬場行きが出発進行。 機関士も目つきが仕事モードになる瞬間だ。 手を振ると笑顔が返ってきた。

ブロードウェイからの蒸機が後ろ向きスタイルで 12:51Toddington 駅到着

給水作業でのサプライズ

出発間際の静けさと機関士との会話も楽しい

　トディントン駅 14:35 発の列車（蒸機型式：7820）で 14:45 ウィンチカム駅に戻る。　到着時には車窓から運良く撮影できたが、駅ではブロードウェイ行きの列車（蒸機型式：4270 タンク機関車）が給水作業中である。　16:05 にトディントン駅からのディーゼル機関車牽引の列車が来るので駅ホームで待ち受けよう。　来たぞ！タブレット交換だ。　懐かしい。　イギリス国鉄クラス 45 （型式：45149）ディーゼル機関車は The Cotswold Mainline Diesel Group が所有するが、1961 年にイギリ

ス国鉄がクルー(Crewe)で製造。 2500 馬力(HP)、最高速度は時速 90 マイル(145 km/h)だそうだ。この列車がチェルトナム競馬場から折り返し 17:03 頃に戻るのを待ち伏せ、ウィンチカム駅近くの石橋の上からトンネルがかすかに見え撮影する。 石橋下の通過時にも連写できた。

懐かしいタブレット受け渡し

スランゴスレン鉄道(Llangollen Railway)

運河沿いの田舎町Llangollen〜ディー川の渓谷にある村Carrogへ
蒸気やディーゼルが走る全長 12 km(標準軌道)の保存鉄道

www.llangollen-railway.co.uk

　スランゴスレン鉄道はイギリス/北ウエールズの田舎町スランゴスレン(Llangollen)が始発駅、ディー川の自然豊かな渓谷沿いを走る、カログ(Carrog)までの約 16 kmの保存鉄道である。 この田舎で毎年 7 月にスランゴスレン国際音楽祭が開催されることで良く知られている。

　このスランゴスレンには、産業革命全盛時に造られたスランゴスレン運河がある。 当時全土に張り巡らされた運河網で大量の資源(石炭や材木)や製品が運ばれた。 今では歴史的価値が認められ、レジャーとして活用される。 ナローボートでの旅は歩く速度で運河巡りができ、人気となっている。 近くには世界遺産に登録されたポントカサステ水路橋(Pontcysyllte Aqueduct)と鉄道橋が並行に走るチャーク水路橋(Chirk aqueduct)もあり見所は多い。

　路線総延長 10 マイル(16 km)の標準軌道は、1965 年に閉鎖された旧グレート・ウェスタン鉄道(GWR)路線、ルアボン(Ruabon)〜バーマス (Barmouth)間の一部を走る。 4 月から 10 月までの毎日と、イベント時には、さまざまな保存車両、主に元 GWR 蒸気機関車、運行日によってはディーゼル機関車が牽引する気動車のこともある。 今では、終着駅であったカログ(Carrog)からコーウェン(Corwen)までの路線 4 kmが延長された。 タイムテーブルの案内ではカログ迄の運行としている。

　旧路線は 1965 年に旅客輸送、1968 年に貨物輸送が停止された。 スランゴレン、バーウィン、キャログ駅の駅舎建物が残されたが、軌道や信号設備は撤去または取り壊されてしまった。 しかし、鉄道愛好家の努力により、1975 年のスランゴスレン駅の再復活を皮切りに、85 年にバーウィン、90 年にディーサイド、92 年にグリンディフルドウィ、96 年にはカログにまで伸延を遂げた。 2014 年にはカログからコーウェンまでの路線も完成。 信号設備などのインフラも再整備され、駅舎はビクト

スランゴレン鉄道
Llangollen Station 跨線橋から撮影

リア調のデザイン、グレートウエスタンカラーに再現され、古き良き時代の列車が季節運行される。この5月の運行はディーゼル気動車の3往復となり、蒸機は特別運行日の1,7,9,10月は2日/各月、12月は5日/月しか運転されないのが残念だが、レトロなディーゼル気動車もディーゼル音とエンジン排気の匂いがディーゼル全盛時代の郷愁を思い起こさせてくれる。

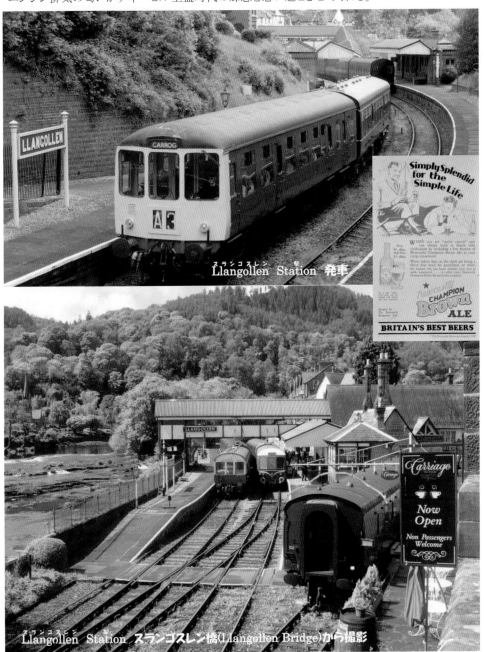

Llangollen Station 発車

Llangollen Station スランゴスレン橋(Llangollen Bridge)から撮影

客車のカフェ/ティーハウス
The Carriage Tea Rooms

ナローボート
係留地

ティーハウス/
観光ナローボート乗り場
Wharf Tea Room

Bridge End Hotel
お勧め（1 階にパブ）

カロッグ
Carrogへ

スランゴスレン鉄道
(Syd Fyenske Veteranjernbane)

スランゴスレン運河

バス停 Bridge End Hotel
路線バス（№5,5E 系統）
ルアボン駅から約 20 分

車庫

ティー川
(Dee)

駅舎

バス停

始発

路線バス

ルアボン
Ruabonから

スランゴスレン鉄道
スランゴスレン駅

散歩

スランゴスレン
Llangollen

案内所

ティー川
(Dee)

ディー川(Dee)に架かるスランゴスレン橋(Llangollen Bridge)の
目の前にある"Bridge End Hotel"に前泊している。 石橋を渡ると
街中へ、観光案内所やコンビニ系のスーパー、お洒落なレストラ
ン、フィッシュ&チップスの店等があり、食料の買い出しや食事が
できる。 橋からディー川とスランゴスレン駅の景色が素晴らしい。
宿から橋を渡らずに進むと、わずか3分ほどでスランゴスレン鉄道
の始発駅スランゴスレンに着く。 5 月のタイムテーブルは黄色と
なりディーゼル気動車の運行が 3 往復。 蒸機の特別運行日は
赤色タイムテーブル。 1,7,9,10月の2 日/各月、12月は5 日/月
だけの運転だ。 8 月の青色タイムテーブルはディーゼル運行日
だが、5往復/日となる。 また、12月にある灰色タイムテーブルの
クリスマスの特別運行日には蒸機が走る。

　一番列車はスランゴスレンを 11:00 発、終着駅カロッグ(Carrog)
に 11:31 着。 約 20 分の休憩、11:50 発で折り返し、スランゴスレ
ン駅に 12:25 着となる。 カロッグ駅からディー川に架かる石橋を
渡ると、お目当てのパブ"ザ・グラウスイン"(The Grouse Inn)。 オ
ープンテラス席でランチタイムとしよう。 ロンドンから鉄道でスラン
ゴスレン保存鉄道への最寄り駅となるルアボン(Ruabon)には、ロン
ドン・ユーストン(Euston)駅から途中チェスター(Chester Station)駅
で乗り換え、所要時間は約 2 時間 50 分となる。 ルアボン
(Ruabon)駅から駅前の Railway Station バス停や駅前から少し先
の国道(B5605)、Bridge St にある Station Road バス停からは、路
線バス(№5,5E 系統)や T3 (Traws Cymru)が運行し、本数は 2 本
/H 程度と少ない。 約20分乗車、Bridge End Hotelバス停下車、
徒歩約 5 分でディー川(Dee)沿いのスランゴスレン駅に着く。

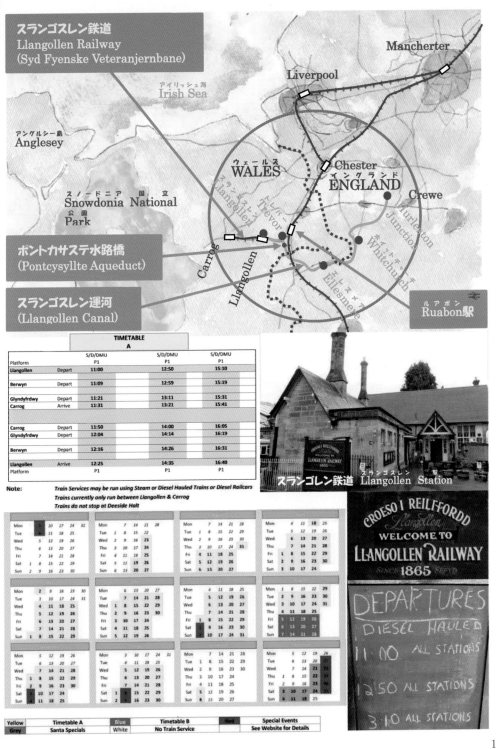

スランゴスレン鉄道
Llangollen Railway
(Syd Fyenske Veteranjernbane)

アイリッシュ海 Irish Sea

アングルシー島 Anglesey

スノードニア 国立公園 Snowdonia National Park

ウェールズ WALES

ラングレン Llangollen
トレバー Trevor

Liverpool

Mancherter

Chester
イングランド ENGLAND

Crewe

ハーレストン ジャンクション Hurleston Junction

ホウィッチャーチ Whitchurch

Carrog

Llangollen

エレスメア Ellesmere

ポントカサステ水路橋
(Pontcysyllte Aqueduct)

スランゴスレン運河
(Llangollen Canal)

ルアボン駅 Ruabon駅

		TIMETABLE A		
		S/D/DMU P1	S/D/DMU P1	S/D/DMU P1
Platform				
Llangollen	Depart	11:00	12:50	15:10
Berwyn	Depart	11:09	12:59	15:19
Glyndyfrdwy	Depart	11:21	13:11	15:31
Carrog	Arrive	11:31	13:21	15:41
Carrog	Depart	11:50	14:00	16:05
Glyndyfrdwy	Depart	12:04	14:14	16:19
Berwyn	Depart	12:16	14:26	16:31
Llangollen	Arrive	12:25	14:35	16:40
Platform		P1	P1	P1

Note:
Train Services may be run using Steam or Diesel Hauled Trains or Diesel Railcars
Trains currently only run between Llangollen & Carrog
Trains do not stop at Deeside Halt

スランゴスレン鉄道 Llangollen Station

CROESO I REILFFORDD
Llangollen
WELCOME TO
LLANGOLLEN RAILWAY
SINCE 1865

DEPARTURES
DIESEL HAULED
11:00 ALL STATIONS
12:50 ALL STATIONS
3:10 ALL STATIONS

Yellow	Timetable A	Blue	Timetable B	Red	Special Events
Grey	Santa Specials	White	No Train Service		See Website for Details

119

ディー川(Dee)

スランゴスレン運河のトウパスを走り、国道は交通量が多いので避けて、ディー川に沿った田舎の香り風を受けながらブロンプトンは走る。(約15km、1時間30分)

スランゴスレン鉄道
(Syd Fyenske Veteranjernbane)

スランタシュリオ
Llantysilio

スランゴスレン
Llangollen駅

撮影ポイント

バーウィン
Berwyn

スランゴスレン
Llangollen 運河

車庫

バーウィン
Berwyn駅

スランゴスレン
Llangollen

ASTONS

スランゴスレン
Llangollen駅

LLANGOLLEN STATION

スランゴスレン
Llangollen駅

スランゴスレンの駅舎にはチケット売り場があり、一日乗り放題チケット"Day Rover Tickets"(25.5£、自転車 3.5£)を購入。　ホームには古い革製の旅行カバンが積まれ、レトロな雰囲気を醸し出している。　ディーゼル気動車 2 両編成が小雨降るあいにくの空模様だが 1 番線に入線。最後部となる車両の車体は緑色、前面が三つ窓の湘南型スタイル、型式はクラス 108 気動車56223(108-DTC-56223)である。　1959 年に導入され、ロンドンミッドランド地域用に製造されたようだ。　こちらのスランゴスレン鉄道では、この車両はファーストクラス(First Class)設定で、1£の追加料金が必要だ。　入ると車内の座席は濃紺色 2 列と 3 列の転換式、窓の面は膨らみを持たせたボディ構造。　この頃から既に車両限界まで車内空間を広げた車両設計がされていたとは驚きである。

　最前部の車両は 3 窓、黄色の顔つきがよく似合う。その理由は遠方から列車の接近を知らせる

ためだ。 車体は青色で荷物室が設けられておりブロンプトンはこちらに乗車する。 型式はクラス104 気動車 50454(104-DMBS-50454)である。 今回、緑と青のディーゼル気動車(クラス 104/108)を連結したハイブリッドスタイルは、ディーゼル気動車好きの英国鉄道ファンには人気だ。

ファーストクラス車両

スランゴスレン
Llangollen駅

ディー(Dee)川の渓谷沿いにあるバーウィン(Berwyn)駅は「渓谷の駅」とも呼ばれ、A5 幹線道路とディー川の間にある。 まずは石造りのアーチ橋を渡る撮影ポイントに向かう。 渓谷を背景にカログ行きのレトロなディーゼル気動車 2 両編成を撮影。 ディー川に架かる石造りの橋を渡ると、正面に最近復元された歴史ある吊り橋が見え、違ったアングルで撮影が可能だ。 駅舎の玄関やホームには古き良き時代に旅人が使った古いトランクやブリキ製の牛乳樽がディスプレイされ、当時の雰囲気を醸し出している。 駅は週末にボランティア駅員が配置され、小さなティールームが営業し、復元された待合所やチケット売り場がある。

列車撮影の待ち時間にディー川に架かる吊り橋(Chainbridge)を渡ると、"The Chainbridge Hotel"にはパブ・カフェがあるので休憩には最適。日当たりが良く眺めの良いNo.1 テーブルでコーヒー＆ケーキタイムとした。近くにはスランゴスレン運河の源であるホースシュー(Horseshoe Falls)滝があるので散歩で訪れるのも良い。

スランゴスレン駅に戻るには国道でなくディー川に沿った道とスランゴスレン運河のトウパスを歩けば約40分、自転車なら約 15 分で戻れる。

Berwyn 駅に到着

Berwyn 駅を発車

The Chainbridge Hotel

ディー川に架かる吊り橋(Chainbridge)

国道横の撮影ポイント

終着駅のカロッグ(Carrog)は、雨の日も晴れの日もどちらも温かく迎えてくれる癒しのおとぎ話に出てくるような駅である。　駅の周辺には牧場と畑しかないが、駅からカロッグ村に通じる道を5分ほど歩くとディー川に架かる17世紀の石造りアーチ橋(Dee Bridge)がある。　渡ると左に伝統あるパブ(The Grouse Inn)があり、ディー川と石橋を眺めながらビールやワインでランチのひと時を過ごそう。折り返し出発まで約20分しかないが、1本遅らせて次の列車にするだけの価値はある。　鉄道運行日には駅舎でも自家製のケーキと紅茶/コーヒーを楽しめる。　この先のスランゴスレン鉄道の路線はカロッグ駅から石橋を潜り、絵のように美しいマーケットタウンのコーウェン(Corwen)まで既に伸延(約4 km)されており、営業運行が待ち遠しい。

パブ The Grouse Inn
オープンテラス席もある

TAFARN GRUGIAR
MAES PARCIO

小雨降るCarrog駅に到着

カロッグ
Carrog駅

この石橋の上からが
カロッグ駅の撮影ポイント

グリンディブルドゥイ駅(Glyndyfrdwy Station)へは、踏切にちょっと珍しいゲート式の遮断機がある
のでディー川沿いの渓谷ポタリング途中に立ち寄ってみた。　列車が来ない時は線路側を閉、列車
が通る時には道路側を閉にするのだ。　傍に信号所がありスタッフが降りてきて手動で開閉操作す
る。　保存鉄道の運行日には、プラットホーム傍の貨車で鉄道ガラクタ市というかお宝ショップがオー
プンする。　スランゴスレン鉄道の OB かもしれないが、ひと味違うシルバーが対応してくれる。　駅周
辺には店がないので、途中下車する時は軽食と飲み物を持参しよう。　この駅では、運転士と駅スタ
ッフとの対面式のタブレット交換が行われる。

GLYNDYFRDWY

グリンディフルドゥイ
Glyndyfrdwy駅に
スランゴスレン行き到着

グリンディフルドゥイ
Glyndyfrdwy駅
ゲートを開にし出発

田舎町スランゴスレン(Llangollen)の Bridge End Hotel に宿泊。 ディー川に架かる16世紀にまで遡るという古い石造りスランゴレン橋を渡ると正面にある。 1階がパブレストランであり、昔のパブスタイルそのままに産業革命時代に栄えた古き良き時代を感じさせてくれる。 スランゴスレン鉄道の SL 駅に近く、鉄道好きにはもってこいの宿だ。 夕暮れに散歩すると、石橋からのディー川と SL 駅舎の眺めが素晴らしく、夕食時のパブ体験も楽しみだ。 スランゴスレンの田舎町へのアプローチは、トレバー(Trevor)にあるポントカサステ水路橋への玄関口、ルアボン(Ruabon)駅前から路線バス(No.5 系統)で約20分。 スランゴスレン橋の傍の Bridge End Hotel バス停で下車すると、ホテルは目の前。 ホテルの裏にはスランゴスレン運河の観光船乗り場があり、"Wharf Tea Room"のテラス席で食事もできる。

Bridge End Hotel

テイクアウト
Fish & Chips

FISH & CHIPS
Real Food

ADDITIONAL
SEATING

Bridge End Hotel 部屋の窓から

The Horse Drawn Boat Centre

スランゴスレン運河
馬が曳く観光船乗り場

HORSE-DRAWN BOAT TRIPS

The most peaceful and relaxing way to see the beautiful Dee Valley and Llangollen Canal.

45 Minute Trips

Adult	£9.00
Child	£4.50
Family (2 Adults 2 + Children under 16)	£25.00

Llangollen Wharf

DEPARTURE TIMES

11:00   2:30
12.00

Beautiful views over the town and River Dee from our Tea Room/Shop featuring our own home cooked food, cakes and Welsh Cream Teas. Children and pushchairs welcome.

2 hour horsedrawn boat trip to the Horseshoe falls

Adult	£14.00
Child	£10.00
Family (2 Adults 2 x Children under 16)	£44.00

NEXT DEPARTURE

2 Hour Aqueduct Boat Trips

MOTOR NARROW BOAT TRIPS OVER THE PONTCYSLLTE AQUEDUCT
Tea, Coffee, Bar and refreshments on board. Centrally heated boat with commentary.

HORSE-DRAWN 45 Min BOAT TRIPS

PAY IN THE OFFICE

ALWAYS KEEP HEAD & HANDS IN BOAT

131

　ノース・ノーフォーク鉄道は、ロンドンでヴィクトリア駅、ウォーター・ルー駅に続いて利用者の多いリヴァプール・ストリート(Liverpool Street)駅からグレーター・アングリア(Greater Anglia)鉄道に乗車し、ノリッジ(Norwich)駅で乗り換え、約 3 時間でシェリンガム(Sheringham)駅に着く。　その駅から徒歩 3 分の所にある。　乗車したグレーター・アングリア鉄道は、オランダ国営都市交通公社の子会社で英国において鉄道やバスなどの都市交通事業を保有・運営する Abellio UK 社と、欧州・米州・アジアを中心とする鉄道市場でインフラ整備プロジェクトや車両リース事業を展開する三井物産の両社が、共同で鉄道事業のフランチャイズ(営業権)を取得し、ホールディングカンパニーとして鉄道事業運営を行っている。　ロンドンとそのベッドタウンとして成長する英国南東部の主要都市のケンブリッジやノリッジなどを結ぶ重要な近郊線を運行している。

実は、ノース・ノーフォーク鉄道を訪れたのには理由がある。　今から 10 年以上前の遊学時にチェルトナムでグロスターシャー・ウォリックシャー鉄道の蒸機保存鉄道に乗る機会があった。　そこで目にした大型蒸機"ブラックプリンス(Black Prince)"型式 92203 こそ、私を蒸機の虜にした SL であり、忘れられない存在なのだ。　2015 年にノース・ノーフォーク鉄道に転籍していることを知る。　遊学時の足跡を辿る今回の旅では、グロスターシャー・ウォリックシャー鉄道を再訪するがブラックプリンスには逢えない。　ならば、追いかけて見ようという訳だ。　70 歳越えの熟年男が子供のころに戻る瞬間でもある。

　ノース・ノーフォーク鉄道は、特別自然美観地域に指定されたノース・ノーフォークのエリアのシェリンガム(Sheringham)とホルト(Holt)間を運行している。　路線約 8.45 km(5.25 マイル)の標準軌道は、1887 年に開業し、1924 年まで運行された。　その後 1964 年に廃止されたシェリンガムとホルト間が 1974 年に再認可され復活。　ボランティア団体が活躍している蒸機保存鉄道である。

ヒナゲシ(Poppy)の咲き誇る海辺の沿線を走ることから"ポピーライン"(Poppy Line)として知られ、ヴィクトリア朝の海辺リゾート地シェリンガムから小さな町ホルトまでの素晴らしい沿岸の景色の中を走る。　春と初夏にはサクラソウ、ブルーベル、黄色いゴース、秋にはヒナゲシが咲き誇る。　終着駅の田舎町ホルトの歴史は古いが、1708 年の大火により町のほとんどが破壊され、火災後にジョージ王朝時代の建築で再建されている。　ノーフォークで最も愛されているジョージ王朝時代の町(Georgian towns)の一つとなっている。　路地や町の狭い通りを歩くとヤード(Yards)と言われる建物に囲まれた小さな広場をいくつも発見することになる。　カフェ、ショップ、ギャラリー、アンティークショップが軒を連ねている。　保存鉄道だけでなく、ホルトの町散歩は是非お勧めである。　2 月と 3 月の運行日は少ないが、4 月から 10 月までの期間は毎日運行され、特別運行日にはイベントも開催される。

Sheringham駅 蒸機(型式:76084) 機廻し

2018 年
大学の友人 柳町政宏氏 撮影

Sheringham駅

2022 年 Sheringham駅
蒸機(型式:90775)

NEXT TRAIN

90775

NORTH NORFOLK RAILWAY

THE ROYAL NORFOLK REGIMENT

シェリンガム(Sheringham)駅近くのホテル、Highfield Guest House に前泊し、朝一番の列車に乗車する。　ノースノーフォーク鉄道は、ビクトリア朝時代の町並みが美しい海辺のリゾート地から出発し、ジョージ王朝時代の建築が軒を連ねる町ホルトまで、郡で最も美しい沿岸と田園地帯を走る。19 世紀の詩人で演劇評論家のクレメント・スコット(Clement Scott)が、ポピー(Poppy)/ヒナゲシの花が群生するシェリンガム周辺の手付かずの沿岸地域を指して「ポピーランド」と名付けたことから、この保存鉄道は「ポピーライン」と愛情を込めて呼ばれている。　歴史的な鉄道遺産である蒸機やディーゼル機関車の牽引する列車に乗り、素晴らしい大自然と風光明媚な田園地帯を走り抜ける 11 マイルの往復旅をしめる。　南には樹木が茂った丘、特別美観地域に定されている自然公園ケリング・ヒース(Kelling Heath)、ショナルトラストが管理する公園シェリンガム・パーク(National Trust － Sheringham Park)がある。　いずれもフォークエリアのビューティースポットである。　北は北海に面

ウェイボーン
Weybourne
beach

ウェイボーン
Weybourne駅
車庫のある駅

ウェイボーン
Weybourne

ウェイボーン 駅
Weybourne 駅

Station Rd

ケリング ヒース
Kelling Heath
パーク
Park 停留所
リクエストストップ

車庫・修復工場

自然公園キャンプ場
Kelling Heath Holiday Park

Gypsies' Ln

ノース・ノーフォーク鉄道
ホルト
Holt 駅　終着駅

バス停ホルト(Holt)
路線バス(No.9,44 系統)
シェリンガムへ約 20 分

ハイ ケリング
High Kelling

Cromer Rd

ホルト駅迄
自転車約 40 分

バス停

町へ徒歩
約 25 分

ホルト
Holt

カフェ・ベーカリー/ホテル
Byfords 大火の生き残り建屋

ホルト
Holt 駅

し、シェリンガム駅、ウェイボーン駅からは徒歩圏内にシェリンガムビーチやウェイボーンビーチという海水浴場がある。

この路線は 1887 年にエンジニアで、機関車監督・交通管理者のウィリアム・マリオット(William Marriott)によって建設され、1924 年まで運行したミッドランド&グレートノーザンジョイント鉄道(The Midland and Great Northern Joint Railway (M&GNJR))の一部である。 鉄道遺産として蒸機とディーゼル機関車両方の列車を運行し、あらゆる分野のボランティアによってほぼ完全に運営される、イーストアングリア自慢の保存鉄道である。 ホルト(Holt)駅にはウィリアム・マリオット博物館がある。 列車は、2/12 から 20 日迄の毎日、3/1 から 10/30 日迄の週末、4/1 から 10/30 日までの毎日に運行している。 乗車した後は、歴史的な駅や鉄道の歴史博物館、信号所などにも足を踏み入れ、蒸機からディーゼルへと移行した時代の香りをとっぷりと感じて欲しい。

北海

シェリンガム
Sheringham駅　終着駅
グレーター・アングリア鉄道
(Greater Anglia Railway)

フットパス　撮影ポイント

シェリンガム
Sheringham
beach

駅舎　バス停

Sheringham Rd　Coast Rd　Weybourne Rd

ロンドン
Londen へ

シェリンガム
Sheringham

ノース・ノーフォーク鉄道
(NNR:North Norfolk Railway)
路線総延長約 8.45 km(5.25 マイル)の
標準軌道

バス停 Railway Approach
路線バス(No.9,44 系統)
ホルト(Holt)へ約 20 分

シェリンガム
Sheringham駅　始発駅
ノース・ノーフォーク鉄道
(NNR:North Norfolk Railway)

ナショナル・トラスト　シェリンガム・パーク
National Trust - Sheringham Park

REFRESHMENTS

シェリンガム
Sheringham 駅

訪れたのは 5/14（土）と 15（日）。　4 月から毎日運行しているのが嬉しい。　5 月の運行は黄色の時刻表（Green Timetable）で、なんと蒸機列車（Steam）4往復／日と旧型気動車（Heritage Railcar）も 4往復／日ある。　一日乗車券（Day Rover Tickets）16.5 £ と自転車券（Bicycle）3 £ を購入。　蒸機の始発、シェリンガム（Sheringham）駅 10:00 発、終着のホルト（Holt）駅 10:21 着に乗車し車窓からの景色を楽しむ。　20 分休憩の後、戻りは 10:40 発に乗車し途中停車駅ウェイボーン（Weybourne）で下車するが、それには訳がある。　シェリンガムから二番列車となる旧型気動車とホルト駅から折り返のこの蒸機がここウェイボーン駅で列車交換するのを撮影したかったからだ。　何と時刻表によれば 10:51同時出発となるようだ。　しめしめ。　待ち時間のもう一つの魂胆は車庫の撮影だ。　車庫は一般公開されていないが、車庫の入口玄関でうろちょろしていると女性スタッフが通りかかる。　勇気を出して協会に寄付（20 £）したいので、車庫内を見学させてほしいとお願いすると、工場に入り責任者を紹介された。　おかげで目的達成。　というのも 13 年前の遊学時にグロスターシャー・ウォリックシャー鉄道で活躍していた蒸機"ブラックプリンス"に再会できからだ。

　翌日もシェリンガム駅から終着駅ホルトまで乗車。　蒸機は、車庫のあるウェイボーン駅を通り、特別美観地域に指定されている自然公園のある停留所ケリング・ヒース（Kelling Heath Halt）にさしかかるが、リクエストストップ（Request Stop）しないと通過してしまうので、事前に車掌に停車依頼をする。ホルト駅のカフェでランチ。　さあ自転車で駅からホルトの町まで約10 分（徒歩約 30 分）のポタリングだ。　ホルトは路地に入るとヤードと呼ばれる小さな広場にカフェ、ショップ、ギャラリーが軒を連ねる美しいジョージ王朝時代の町である。　多くの美しいフリントストーン flintstone（石造建築で使われる火打石の小石）の建物や庭、ジョージ王朝様式のファサードがある。　帰りはホルト駅からウェイボーン駅へ。　自転車でウェイボーンの田舎を通り抜け車の通行が多い国道を進むと、フットパスの入口がある。　海岸へのフットパスを少し歩くと路線を跨ぐ石橋があり、ここが鉄道好きの撮影ポイントなのだ。　ハイキングしているウォーカーも足を止め、列車に手を振る光景が見られる。

機関室（型式：90775）

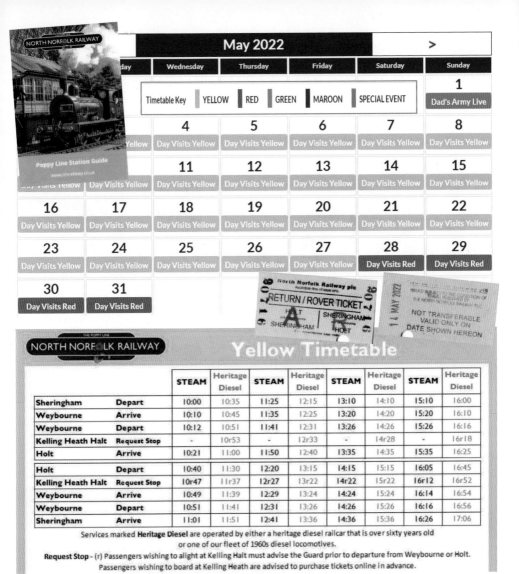

Yellow Timetable

NORTH NORFOLK RAILWAY

		STEAM	Heritage Diesel	STEAM	Heritage Diesel	STEAM	Heritage Diesel	STEAM	Heritage Diesel
Sheringham	Depart	10:00	10:35	11:25	12:15	13:10	14:10	15:10	16:00
Weybourne	Arrive	10:10	10:45	11:35	12:25	13:20	14:20	15:20	16:10
Weybourne	Depart	10:12	10:51	11:41	12:31	13:26	14:26	15:26	16:16
Kelling Heath Halt	Request Stop	-	10r53	-	12r33	-	14r28	-	16r18
Holt	Arrive	10:21	11:00	11:50	12:40	13:35	14:35	15:35	16:25
Holt	Depart	10:40	11:30	12:20	13:15	14:15	15:15	16:05	16:45
Kelling Heath Halt	Request Stop	10r47	11r37	12r27	13r22	14r22	15r22	16r12	16r52
Weybourne	Arrive	10:49	11:39	12:29	13:24	14:24	15:24	16:14	16:54
Weybourne	Depart	10:51	11:41	12:31	13:26	14:26	15:26	16:16	16:56
Sheringham	Arrive	11:01	11:51	12:41	13:36	14:36	15:36	16:26	17:06

Services marked **Heritage Diesel** are operated by either a heritage diesel railcar that is over sixty years old or one of our fleet of 1960s diesel locomotives.

Request Stop - (r) Passengers wishing to alight at Kelling Halt must advise the Guard prior to departure from Weybourne or Holt. Passengers wishing to board at Kelling Heath are advised to purchase tickets online in advance.

今日運行を担当する主役蒸機（型式：90775）の履歴

　第二次世界大戦中、国内外での戦争遂行を支援するため大型貨物機関車が緊急に必要であった。　1943 年以前は陸軍省の標準機関車であった単純化された LMS 2-8-0 が製造されていた。しかし、海外での使用、特にヨーロッパよりも軽荷重用の路線の中東では 2-8-0 では車軸軸重がかなり重くなる。　そこで基本設計はそのままに、車軸荷重を軽減し重量を分散するため駆動ホイールを追加。　WD 2-10-0 としてグラスゴーの the North British Locomotive Co. で製造された。　中東での使用のために割り当てられたが、第二次世界大戦の終結後のギリシャでは多くの機関車が必要なことが非常に明白であった。　エジプトのイギリス軍当局は、そこに保管されていた 2-10-0 をギリシャに送ることを決定。　ギリシャに送られギリシャ国鉄で 27 年間働いた後、1984 年 8 月、本国に戻された。　同設計最後のイギリス国鉄の蒸機は 90774 と番号が付けられていたため 90775 の番号が付けられ、2017 年 9 月、The Royal Norfolk Regiment と命名された。

ホルト(Holt)の町へのアプローチは鉄道とバスの 2 通り。　シェリンガム駅からノース・ノーフォーク鉄道に乗車し、終着ホルト駅から徒歩約 25 分。　もう一つは、シェリンガムのバス停 Railway Approach（ノース・ノーフォーク鉄道の駅舎前）から路線バス(No.9,44 系統)でホルト(Holt)停留所へ約 20 分の乗車(30 分間隔なので便利)。　大火により町のほとんどが焼失したが、Georgian Town（ジョージ王朝時代の町）を再建した。　路地や町の狭い通りを歩くとヤード(Yards)と言われる小さな建物に囲まれた4つの広場、Apple Yard、Chapel Yard、Hoppers Yard、Lees Yard を発見できる。ビクトリア調の建物外観はそのままに内部を改装し、カフェ、雑貨や小物ショップ、ギャラリー、アンティークショップなどの小さな店が広場を囲んでいる。　日曜日は休みの店が多いので要注意だ。

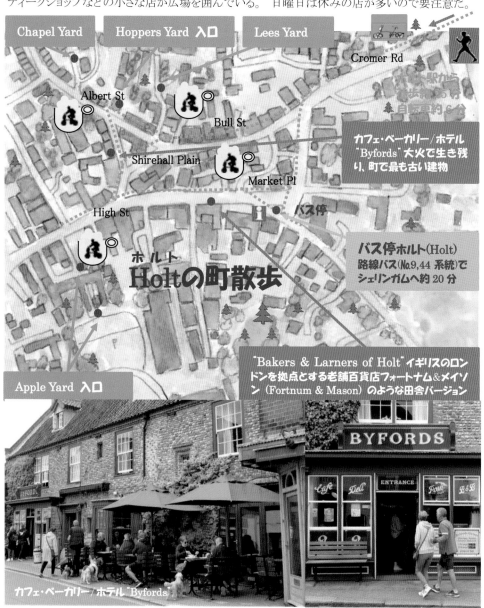

Chapel Yard

Hoppers Yard 入口

Lees Yard

Cromer Rd

Albert St

Bull St

Shirehall Plain

Market Pl

High St

ホルト
Holtの町散歩

バス停

カフェ・ベーカリー/ホテル "Byfords" 大火で生き残り、町で最も古い建物

バス停ホルト(Holt)
路線バス(No.9,44 系統)で
シェリンガムへ約 20 分

"Bakers & Larners of Holt" イギリスのロンドンを拠点とする老舗百貨店フォートナム&メイソン（Fortnum & Mason）のような田舎バージョン

Apple Yard 入口

BYFORDS

カフェ・ベーカリー/ホテル "Byfords"

138

Hoppers Yard

ウェイボーン(Weybourne)駅を訪れたのには二つ理由がある。 一つは車庫・修復整備工場があるので朝と夕方に蒸機の作業風景が見られるだろう。 また一般公開されてないが、工場スタッフに声を掛けチャンスがあれば工場内を見学できるかしれないと考えたからだ。 もう一つはシェリンガム行き上りとホルト行き下りの列車交換が見られ、ホームにある跨線橋や路線を跨ぐステーション・ロード(Station Rd)の石造りのアーチ橋上部から撮影できるからだ。 アーチ橋傍の草むらには木製のベンチとテーブルがあり、ピクニック気分でアーチ橋を背景に列車撮影ができる。

駅は 1900 年、地元の職人によって壮大な後期ビクトリア朝様式で建てられた。 ミッドランド・アンド・グレート・ノーザン鉄道(M&GN)で最も壮大な駅の 1 つであったようだ。 ウェイボーン村は駅から北へ 1 マイル離れているが、かつてこの時期に建設された堂々たるウェイボーンスプリングスホテル(撤去)にサービスを提供するために建てられたようだ。 駅舎内には歴史あるチケット売り場や事務所、復元された女性専用の待合室、鉄道書籍の店、ショップやビュッフェもある。

140

Weybourne駅

141

ウェイボーン(Weybourne)駅には車庫・修復整備工場がある。　車庫の入口玄関でうろちょろしていると女性スタッフが通りかかる。　勇気を出して協会に寄付(20￡)したいので、車庫内を見学させてほしいとお願いすると、工場の中に入り責任者を紹介された。　案内してくれた修復工場内は整備中の蒸機や、レトロな客車を解体し修復組み立て中である。　屋外には蒸機のボイラーが所狭しと置かれ、オーバーホール時に整備使用されるようだ。

　お目当てのブラックプリンス型式 92203 とは屋外ヤードで再会。　サプライズで運転席に乗車し機関士の席で写真を撮ってもらえたのは大切な財産となった。　ブラックプリンスは 1959 年スウィンドンの工場で製造され、1967 年に引退。　その後、製鉄所で重い鉄鉱石列車、ロングムーア軍事鉄道、イースト・サマセット鉄道で使用される。2004 年にグロスターシャー・ウォリックシャー鉄道でオーバーホールされ、2011 年までそこで働いた。　その後、ノースノーフォーク鉄道に移り、大規模なオーバーホール後、彼女は 2015 年からここで活躍中。　特別運行日のイベントに使用されるディーゼル機関車やレトロな蒸気機関車が保管され、屋外ヤードは機関車の車庫となっている。

ウェイボーン駅
Weybourne駅

ウェイボーン
Weybourne駅

ウェイボーン駅での駅撮り、ブラックプリンスを追いかけ遊学時から 13 年ぶりに再会。 シェリンガムに戻り街中でフィッシュ＆チップスをテイクアウト。 スーパーマーケットで苺を買い豪華な夕食としよう。

The Sheringham Trawler

Welcome to the Sheringham Trawler
A superb range of freshly cooked food to Eat In or Take
All cooked the traditional way in beef dripping

Fish	Tasty Choices	Chips	Dri
All our fish is de-boned and can also be skinned upon request	Chicken Breast - Plain or Battered	Chips - Standard or Large	T
Cod - Standard or Large	Chicken Chunks x 6"	Half Portion of Chips	Co
Plaice	Chicken Chunks x 10"	Cheesey Chips	Canned
Rock - Standard or Large	Southern Fried Chicken Strips x 10"	Cheesey Chips and Beans	Coke, P
	* Served with a dip of your choice	Chip Butty	Dr Pepp
Haddock			

シェリンガム
Sheringham駅 グレーター・アングリア鉄道

シェリンガム
Sheringham駅 ノース・ノーフォーク鉄道

終着折り返しとなるホルト(Holt)駅は、ホルトの町の中心部から少し離れている。 1987 年開業の新しい駅で、1959 年に閉鎖されたノース・ノーフォーク地方の田舎にあったスターラム(Stalham)駅を移築している。 1964 年にイギリス鉄道(BR)によって閉鎖されていた元のホルト駅の敷地からわずか1.6 km(1 マイル)の距離だ。 ホルトの町にあった駅の跡地や路線は、ホルトバイパスの道路(A148)になってしまった。 ただし、道路は単線路線を再敷設できるようスペースを残して建設され、路線復活の鉄道プロジェクトが進んでいるようだ。 駅にはウィリアム マリオット ミュージアム(William Marriott Museum)がある。 ミッドランドとグレートノーザンジョイント鉄道協会(Midland and Great Northern Joint Railway Society)が運営するこの博物館には、貴重な鉄道遺産や記念品、歴史的な建造物、機関車、鉄道車両、歴史的な信号システムなどが展示されている。 博物館はノース・ノーフォーク鉄道が運行する日にオープンとなる。

NEXT TRAIN DEPARTING AT

Will be DIESEL hauled
To SHERINGHAM
Leaving from PLATFORM 1

90775
Mo6 WD

CLASS 101
RUNNING TODAY

Holt駅 機廻し

Holt駅

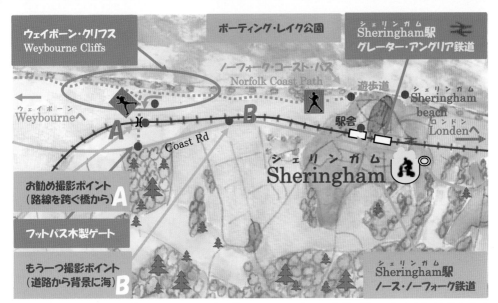

ウェイボーン・クリフス
Weybourne Cliffs

ボーティング・レイク公園

シェリンガム駅
Sheringham
グレーター・アングリア鉄道

ノーフォーク・コースト・パス
Norfolk Coast Path

遊歩道

ウェイボーンへ
Weybourneへ

シェリンガム
Sheringham
beach

ロンドンへ
Londenへ

駅舎

Coast Rd

シェリンガム
Sheringham

お勧め撮影ポイント
（路線を跨ぐ橋から）**A**

フットパス木製ゲート

もう一つ撮影ポイント
（道路から背景に海）**B**

シェリンガム駅
Sheringham駅
ノース・ノーフォーク鉄道

　ノース・ノーフォーク鉄道のホームページに載せている写真に、背景が海で広大な畑地帯を走る蒸気機関車牽引の列車があるが、撮影ポイントはどこだろうか。　グーグルマップで探してみる。　あったぞ！シェリンガム駅から街中を海岸まで徒歩10分。　ビーチに沿ったプロムナード（遊歩道）を西に歩くと、町外れに展望台のあるボーティング・レイク公園（Sheringham Boating Lake）がある。　この道は、イギリス発祥の歩く権利から生まれた"歩くことを楽しむための道"パブリック・フットパスだ。ノーフォーク・コースト・パス（Norfolk Coast Path）が、ここから海岸沿い崖の上を西へとウェイボーン村（Weybourne）まで続いている。　このフットパスが通る海岸の崖は、生物学的および地質学的に重要なエリア（40.9ヘクタール）で、ウェイボーン・クリフス（Weybourne Cliffs）と呼ばれる。　その中央部にノーフォーク・コースト・パスから外れ左折できるフットパスがあり、進むと路線を跨ぐ橋がある。　撮影後この先に進むと、コースト・ロード（A149 Coast Rd）に出る。　出入口の簡易木製ゲート開閉は歩行者自身が行い、フットパス歩きの実感が味わえる。　なお、フットパスは自転車の走行は不可なので注意が必要だが、押し歩きは良さそうである。

Holt駅 の駅舎
ホルト

ホルト(Holt)15:15 発のディーゼル気動車(Heritage Diesel)に乗車。 途中ウェイボーン駅では蒸機と列車交換なので窓から瞬間撮影。 レトロで濃緑の車体と前面パネルの黄色がよく似合うイギリス国鉄クラス101ディーゼル気動車(型式：51188/56352)は、1956年から1959年にかけバーミンガムのMetro-Cammell at Washwood Heath で製造された。 運行は駆動車とトレーラーの2両編成である。 国立鉄道博物館が所有しており、現在はノースノーフォーク鉄道に長期貸与されている。

Sheringham駅 に 15:36 到着
シェリンガム

Holt駅 15:15 発 ディーゼル気動車

ウェイボーン駅では列車交換

Holt駅 15:15 発 ディーゼル気動車

彼女には興味深い歴史がある。 何とエジプトとギリシャで 40 年間働いていた海外経歴を持つ。 生まれ故郷の英国に戻れた彼女は幸せ者。 今ではノース・ノーフォーク鉄道(NNR)の主力保存蒸機なのだ。 ヒナゲシ(Poppy)の咲き誇る海辺の沿線を、「見て！見て！」と走る嬉しそうな姿は一見の価値がある。

　セヴァーン・ヴァレー鉄道へは、英国鉄道(National Rail)のロンドンユーストン(Euston)駅から、イギリス第二の都市バーミンガムのメイン駅であるバーミンガム・ニューストリート(Birmingham New Street)で乗り換え、キダーミンスター(Kidderminster)駅まで約 3 時間の乗車となる。　セヴァーン・ヴァレー鉄道の始発駅キダーミンスターは、すぐ目の前のお隣でアクセスは良い。　路線はブリテン島で一番長い川であるセヴァーン川(River Severn)沿いに走る約 26 kmの標準軌道である。　目的は、ある雑誌に紹介されていた運河(Staffordshire & Worcestershire Canal)に架かる煉瓦造り鉄道アーチ橋と、水車小屋(Daniels Mill)にある小さなカフェから煉瓦造りアーチ橋を渡る蒸機列車に魅せられての訪問だ。

　セヴァーン渓谷鉄道は1858 年から1862 年の間に建設された40 マイル(64 km)の路線であった。1862 年に開通してからウェストミッドランド鉄道によって運営され、その後 1863 年にグレートウエスタン鉄道に吸収された。　GWRの路線ネットワークの多くの支線の 1 つとしてセヴァーン渓谷支線と呼ばれていた。　主に農作物や石炭などの貨物輸送を行っていたが、1948 年の国有化後、乗客の交通量は減少し、1960 年から 1970 年の間に順次路線が廃止された。　セヴァーン渓谷鉄道協会は、1963 年に閉鎖された路線の一部を保存したいと考えていたメンバーが 1965 年に結成。　ブリッジノースからの北の線路は解体されていたが、ブリッジノースからビュードリー経由でキダーミンスターまで伸びる標準ゲージの鉄道の保存、維持、復元に取り掛かる。　保存鉄道としてのセヴァーン・ヴァレー鉄道は 1970 年に運行を開始。　ブリッジノースから順次路線を延長し 1984 年 7 月 30 日にキダーミンスターまで到達した。　復活にかける約 20 年の思いが結実し、1965 年に誕生してから2015 年には 50 周年を迎えたそうだ。

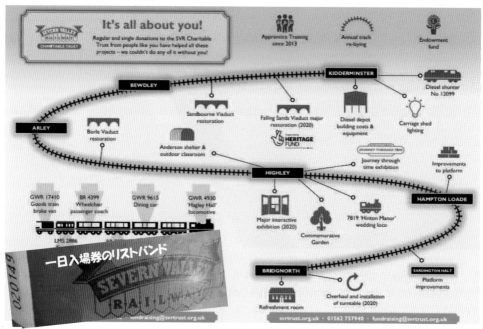

Bridgnorth
ブリッジノース城

Bridgnorth Cliff
Railway
ケーブルカー

終着駅
Bridgnorth駅 ブリッジノース

車庫
煉瓦アーチ橋

Eardington

煉瓦造りアーチ橋
と水車小屋・カフェ

Hampton
Loade駅 ハンプトン ロエード

Hampton

セヴァーン・ヴァレー鉄道
(Severn Vally Railway)
路線総延長約 26 km(16 マイル)の標準軌道

Highley

セヴァーン・バレー・カントリー・パーク

鉄道博物館
The Engine House Visitor
& Education Centre

Upper Arley

Highley駅 ハイリー

Arley

鉄道橋

Arley駅 アーリー

Victoria Bridge ビクトリア 橋
鋳鉄製鉄道橋梁

Northwood Halt ノースウッド
停留所

ワイド・フォレスト・ナショナル自然保護区

Bewdley

Bewdley駅 ビュードリー

Kidderminster駅 キダーミンスター
ウェスト・ミッドランズ・トレインズ
(West Midlands Trains)

Kidderminster駅 キダーミンスター 始発駅
セヴァーン・ヴァレー鉄道
(Severn Vally Railway)

運河(Staffordshire &
Worcestershire Canal)
に架かる煉瓦造り鉄道アーチ橋

駅舎
鉄道博物館
ティーゼル車両基地
煉瓦アーチ橋

Kidderminster

Birmingham方面 バーミンガム

セヴァーン・ヴァレー鉄道のキダーミンスター駅(Kidderminster Station)は、バーミンガムからのウェスト・ミッドランズ・トレインズ(West Midlands Trains)のキダーミンスター本線駅に隣接している。

保存鉄道としての再復活は、1970年5月23日、セヴァーン・ヴァレー鉄道(SVR)の最初の公式列車がブリッジノースとハンプトンロードの間を走ったことに始まる。 その後、1974年にビュードリーまで伸延され、1984年にようやくキダーミンスター行きの列車を運行ができた。 その時、駅舎は旧BR構内のヤードエリアを活用し、新しいSVRのキダーミンスタータウン駅を建設した。 その特徴は、グレート・ウェスタン鉄道(GWR)のロスオンワイ駅(Ross-On-Wye station)の建築デザインをモデルに建築され、大規模な屋根付きコンコース、チケット事務所、訪問者のための待合施設、売店やカフェ、ギフトショップがある。 構内にはなんとキング&キャッスルパブ(The King & Castle)や鉄道博物館(Kidderminster Railway Museum)があるのは嬉しい。 また、蒸機時代に使われた石炭ヤードの名前をもらったコールヤードミニチュア鉄道(Coalyard Miniature Railway) もある。

運行期間は、通常4月から10月まで、基本的には月曜と火曜日は運休、週末の土曜と日曜日には平日よりは運行本数が多くなる。 12月にはクリスマスの特別運行もある。 訪れた5/19(木)は春のディーゼルフェスティバル2022(Spring Diesel Festival)である。 産業革命の主役でもある蒸気機関車から引き継いだディーゼル機関車は産業発展や無煙化に貢献。 セヴァーン・ヴァレー鉄道では数々のディーゼル群が保存され、5/19の特別運行日に運行される。

ホームページ www.svr.co.uk には、毎月の運行日と時刻表が色分けして案内されている。

キダーミンスター
Kidderminster駅 ウェスト・ミッドランズ・トレインズ
(West Midlands Trains)

鉄道博物館
Railway
Museum

パブ
The King & Castle

Coalyard
Miniature
Railway

Conberton Pl

駅舎

駅舎

キダーミンスター
Kidderminster駅

セヴァーン・ヴァレー鉄道
(Severn Vally Railway)

Stadium C

スタジアム
撮影ポイント

扉は手動外開き

キダーミンスター
Kidderminster駅

駅構内売店

154

駅構内売店

荷物室

CH : 24 SEATS

チケット売場

RUNNING DAYS

SEE **SVR.CO.UK** FOR SPECIAL EVENT DETAILS

April

M	T	W	T	F	S	S
				1	2	3
4	5	6	7	8	9	10
11	12	13	14	15	16	17
18	19	20	21	22	23	24
25	26	27	28	29	30	

May

M	T	W	T	F	S	S
						1
2	3	4	5	6	7	8
9	10	11	12	13	14	15
16	17	18	19	20	21	22
23	24	25	26	27	28	29
30	31					

June

M	T	W	T	F	S	S
		1	2	3	4	5
6	7	8	9	10	11	12
13	14	15	16	17	18	19
20	21	22	23	24	25	26
27	28	29	30			

July

M	T	W	T	F	S	S
				1	2	3
4	5	6	7	8	9	10
11	12	13	14	15	16	17
18	19	20	21	22	23	24
25	26	27	28	29	30	31

August

M	T	W	T	F	S	S
1	2	3	4	5	6	7
8	9	10	11	12	13	14
15	16	17	18	19	20	21
22	23	24	25	26	27	28
29	30	31				

October

M	T	W	T	F	S	S
					1	2
3	4	5	6	7	8	9
10	11	12	13	14	15	16
17	18	19	20	21	22	23
24	25	26	27	28	29	30
31						

November

M	T	W	T	F	S	S
	1	2	3	4	5	6
7	8	9	10	11	12	13
14	15	16	17	18	19	20
21	22	23	24	25	26	27
28	29	30				

■ Special Event Day. See SVR.CO.UK for more details.
■ Timetable D to be confirmed later in the season. Please…

SEVERN VALLEY RAILWAY
KIDDERMINSTER-BEWDLEY-BRIDGNORTH

TIMETABLES 2022

SEE SVR.CO.UK FOR … ABOUT OUR CHR…

SVR.CO.UK | 01562 757900

Thursday & Sunday　2022年5/19(木) 春のディーゼルフェスティバル時刻表

Kidderminster	dep	9:00	9:15	9:50	10:00	10:25	10:50		11:30	12:10	12:20		13:15	13:25	14:10	14:30		15:10	15:50	16:00		16:55	17:05	18:15
Bewdley	arr	9:12	9:27	10:02	10:12	10:42	11:07		11:47	12:22	12:32		13:27	13:37	14:22	14:47		15:27	16:02	16:12		17:07	17:17	18x27
	dep	9:15	09x35	10:05		10x45		11:20	11x55		12:35	13:10	13x45	14x25		15:00	15:35	16x15	16:50		17:25			
Arley	arr	9:28	9:48	10:18		10:58		11:33	12:08		12:48	13:23	13:58	14:38		15:13	15:48	16:28	17:03		17:38			
	dep	9:30	9:50	10x23		11xx18		11x35	12x13		13xx08	13x25	14x03	14xx58	15x15	15x53	16xx48	17x05		17x43				
Highley	arr	9:38	9:58	10:31		11:26		11:43	12:21		13:16	13:33	14:11	15:06		15:23	16:01	16:56	17:13		17:51			
	dep	9:42		10:35		11:30			12:25		13:20		14:15	15:10			16:05	17:00			17:55			
Hampton Loade	arr	9:52		10:45		11:40			12:35		13:30		14:25	15:20			16:15	17:10			18:05			
	dep	10x00		10x55		11x50			12x45		13x40		14x35	15x30			16x20	17x20			18:10			
Bridgnorth	arr	10:15		11:10		12:05			13:00		13:55		14:50	15:45			16:40	17:35			18:30			

Bridgnorth	dep		9:40			10:35	11:30		12:25		13:20			14:15	15:10		16:05		17:00		17:55
Hampton Loade	arr		9:55			10:50	11:45		12:40		13:35			14:30	15:25		16:20		17:15		18:10
	dep		09x58			10x53	11x48		12x43		13x38			14x33	15x28		16x23		17x18		18x13
Highley	arr		10:08			11:03	11:58		12:53		13:48			14:43	15:38		16:33		17:28		18:23
	dep		10:12	10:45		11:07	12:02	12:35	12:57		13:52	14:05		14:47	15:42	16:15	16:37		17:32	18:07	18:27
Arley	arr		10:20	10:53		11:15	12:10	12:43	13:05		14:00	14:33		14:55	15:50	16:23	16:45		17:40	18:15	18:35
	dep		10x22	11x02		11xx37	12x12	12x52	13xx27		14x02	14x42		15x17	15x52	16x32	17xx07		17x42	18:17	18:37
Bewdley	arr		10:35	11:15		11:50	12:25	13:05	13:40		14:15	14:55		15:30	16:05	16:45	17:20		17:55	18:30	18:50
	dep	09x32	10:22	10x47	11x27	11x52	12x37	12:47	13x42	13:52	14:42		15:07	15x32	16x17	16:27	17x22	17:32	17:57	18:32	18:52
Kidderminster	arr	9:45	10:35	11:00	11:40	12:05	12:50	13:00	13:55	14:05	14:40		15:20	15:45	16:30	16:40	17:35	17:45	18:10	18:45	19:05

キダーミンスター駅のホーム先端に行き、到着する蒸機を狙おう。 BR Standard Class 7 70000 Britannia（愛称"ブルタニア"）蒸機だ！ 1951 年クルー（Crewe）で製造され、イギリス鉄道の標準機関車として初めてブリタニア級 55 両の機関車の中で最初の急行旅客用蒸機（軸配置：2C1）となる。 英国鉄ちゃんと仲良く構える瞬間である。 駅の玄関から外に出て左へ、すぐ隣の道でなくその先隣のコンバートン・プレイス（Comberton Pl）の通りに左折し入る。 道が細くなるが迷うことなく前進すると、スタジアム・クローズ（Stadium C）の道に入る。 スタジアムが見えると左折、直ぐに路線を跨ぐ歩行者用橋が見える。 ここからは駅全景と出発・到着の様子が見られ、構内右端の複線路線はウェスト・ミッドランズ・トレインズ（West Midlands Trains）の列車が時折通過する。 橋の反対側から見下ろすとディーゼル機関車の車両基地（Diesel Depot）が見え、転車台もある。 この写真は、2018/19 年の 2 回"秋の蒸機祭り（Autumn Steam Gala）"に

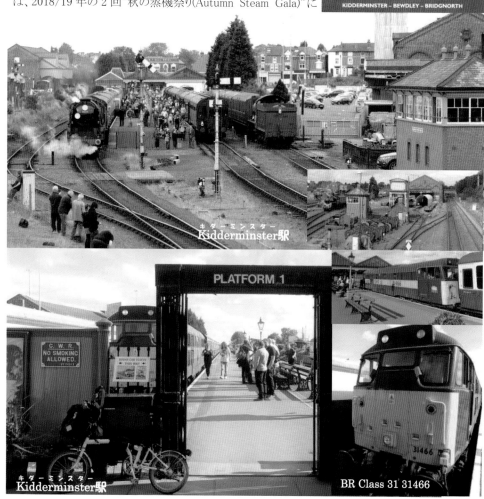

キダーミンスター駅
Kidderminster駅

キダーミンスター駅
Kidderminster駅

BR Class 31 31466

現地を訪れた大学時代の友人の栁町政宏氏から提供していただいたものだ。 彼は自宅庭にライブスチーム庭園鉄道を走らせ、毎年ドイツ 01 形やイギリスの大型蒸機を追いかけている。 このブルタニアも保有する。 70 歳越えの鉄ちゃんが機関車にまたがり、子供のような笑顔を浮かべる姿が思い浮かぶ。 なお、現在はロイヤル・スコット・ロコモティブ・アンド・ジェネラル・トラスト（Royal Scot Locomotive and General Trust (RSL&GT)）という保存蒸機、ディーゼル、電気機関車を使用して鉄道ツアーを運営している会社に属し、オーバーホール中。 2022 年後半に鉄道ツアーで牽引復帰予定だそうだ。 訪れた 2022 年 5 月の"春のディーゼルフェスティバル(Spring Diesel Festival)"では、蒸機からバトンタッチし英国の繁栄を支えたディーゼル機関車群も見ものだ。

BR Standard Class 7 70000

BR Class 31 31466 運転室

セヴァーン川が流れる牧草地の中にポツンと一軒家の駅舎がある。 何と可愛いおとぎ話に出てくるような石造りのアーリー(Arley)駅だろう。 傍にはここも石造りのアーチ橋が路線を跨ぎ絶好の撮影ポイントである。 ホームページに紹介されているこの美しい駅を担当するのは、ステーションマスターのイアン・ラティマー(Ian Latimer)とアシスタントステーションマスターとしてサポートするキャサリンマーティン(Catherine Martin)の二人だが、この美しいウスターシャー州(Worcestershire site)にある駅を復元、維持、運営するために働くボランティアだそうだ。

駅はボランティアによってカラフルな花が植えられ、木製のベンチやテーブルがあり、座ればピクニック気分で蒸機を眺められる。ここはアーリーステーション・ガーデンと呼ばれる。

セヴァーン・ヴァレー鉄道
(Severn Vally Railway)

Upper Arley

パブ
Harbour Inn

Arley

アーリー
Arley駅

撮影ポイント
石造りアーチ橋

信号所

タブレット受け取り

駅に入線

ディーゼルが到着

アーリー
Arley駅 列車交換
先頭ディーゼル Class17 型式:D8568

158

ARLEY

前引き、後ろ押しと客車を挟んでArley駅に入線
先頭は　BR Class 14 Teddy Bear　型式：D9551

挨拶すると笑顔が！

British Rail Class 17
　型式：D8568

後ろ押しディーゼル

列車は前引き、後ろ押しと客車
を挟んだスタイル　列車交換待ち

ハイリー(Highley)駅は、セヴァーン・ヴァレー鉄道で唯一の片面プラットフォームを持つ駅で、伝統的なGWRスタイルの建築で美しく復元さている。 SVRの保存蒸機やディーゼル機関車が展示され、鉄道の歴史を知ることができるエンジンハウス(The Engine House)は、路線沿いを歩き約4分と近いので訪れてみよう。 こちらの駅でもボランティアであるハイリーステーションチーム(Highley Station Team)が活躍している。 素晴らしい花壇や、蒸機撮影の絶好ポイントである駅を跨ぐ石造りの美しいアーチ橋の1930年代の外観を維持するために懸命に働く、ジョンアッシュとそのチーム(John Ash and the team)に会うことができる(セヴァーン・ヴァレー鉄道ホームページ)。また、ハイリー駅から徒歩ですぐのカントリーパーク(Severn Valley Country Park)では、散歩やトレイルハイキングも楽しめる。

Highley駅 にディーゼル
Class31 型式：31466 が間もなく到着

Highley駅を出発、エンジンハウス前を通過する ディーゼル列車 Class33 型式：D6515

後押し

先頭牽引

Highley駅 にディーゼル
Class31 型式：31466 が入線
中央の待避線では前後にディーゼ
ルを連結した列車が待機中

後押し

Highley駅を出発するディーゼル列車
Class33 型式：D6515

ハイリー(Highley)駅から徒歩約4分、SVRが所有する保存蒸機やディーゼル機関車が展示され、鉄道の歴史を知ることができるエンジンハウス"Engine House"がある。 入口のバルコニーからはセヴァン・ヴァレー鉄道の路線を走る蒸機やディーゼル機関車の撮影ができる。

エンジンハウスへの
引き込み線

鉄道博物館
The Engine House Visitor
& Education Centre

HIGHLEY
ENGINE HOUSE
VISITOR CENTRE

LMS Stanier 8F 型式:48773 1940年製造

STANIER 8F

London Transport Pannier 型式:L95 1929年製造

162

蒸機群の中にレトロな乗用車

郵便車両

GWR Small Prairie 型式：4566　1924 年製造

1862 年にオープンしたハンプトン・ロード(Hampton Loade)駅は、セヴァーン・ヴァレー鉄道の隠された宝石(the hidden gem)と言われている。 列車が通る日には、心地よいシュシュポッポ、ガタンゴトンの音色で鳥たちを起こし戯れお互いに遊んでいる。 列車が通り過ぎると静けさが戻り、蝶が羽ばたき、鳥達の鳴く声が聞こえる。 また、プラットホーム横の屋外には、橋やトンネルなどで巧みにレイアウトされたパドックミニチュア鉄道模型(Paddock Railway)の庭園鉄道が毎週末に運転されている。 SVR の隠れ家的な駅で、セヴァーン川は歩いて直ぐのところにあり、ピクニックに出掛けるのも良い。 駅のベンチに座り鳥のさえずりを聞ける理想的な癒される駅だ。

もう直ぐ
ハンプトン ロード
Hampton Loade駅

ハンプトン ロード
Hampton Loade駅
出発

タブレット交換の合図を送る駅員

ハンプトン ロード
Hampton Loade駅 にディーゼル タブレット受け渡し
BR Class 50 50007 Hercules が到着 列車交換となる。

ハンプトン　ロード駅
Hampton Loade駅
BR Class 50 50007 Hercules が到着　列車交換となる。

列車交換待ち

ハンプトン　ロード駅
Hampton Loade駅 にディーゼル
BR Class 40 40106 Atlantic Conveyor が到着　列車交換となる。

海外鉄道研究会　戸城英勝氏 2018 年撮影（型式 7802
1950 年製造　Dinmore Manor）、グロスターシャー・ウォリック
シャー鉄道から招かれ運行。その後戻り、2022 年 5 月に
訪問すると主役蒸機として活躍中であった（本書に紹介）。

Bridgnorth駅　車庫

Bridgnorth駅　跨線橋から撮影
BR Class 40 40106 Atlantic Conveyor が到着

セヴァーン・ヴァレー鉄道で最も北の駅であるブリッジノース(Bridgnorth)駅は、シュロップシャー州に1862年オープンした旧シュロップシャー駅(Shropshire station)で、2つのプラットフォームがあり、スチール製の跨線橋で接続されている。　駅には素晴らしいGWRスタイルの軽食がとれるリフレッシュメントルーム(Refreshment Room)がある。　エールビールやリンゴ酒の販売促進と伝統的なパブを守る活動をしている消費者団体CAMRA(Campaign for Real Ale)のCAMRA賞を受賞したパブ(The Railwayman's Arms)があり、地元のエールビール、サイダー(リンゴ酒)、ワインなどで本場の雰囲気が楽しめる。　その後はブリッジノースの町散策。　町中へは歩行者専用の吊り橋を渡り、ブリッジノース城のある公園(Bridgnorth Town Park)を抜け、約10分歩くことになるが面白い乗り物がある。　それはブリッジノース クリフ鉄道(Bridgnorth Cliff Railway)。　イングランド最古で最も急な電気ケーブルカーだ。　ハイタウンとロータウンを結び、セヴァーン川からの砂岩の崖を上り下りしてブリッジノースに住む人々を輸送してきた。　現在は電動機駆動に改造されているが、もともとは水バランスシステムで、車体床下のタンクに水を出し入れする装置があり、ウォーターバラスト(水の錘)により動くケーブルカーであった(www.bridgnorthcliffrailway.co.uk)。

Bridgnorth

案内所

図書館

カフェ

パブ

路地・ショップ

カフェ

乗り場

Bridgnorth Cliff
Railway Top Station
ケーブルカー乗り場

セヴァーン川
展望良！

BRIDGNORTH CLIFF RAILWAY

ホームページ

ケーブルカー乗り場
徒歩
10分

セヴァーン・ヴァレー鉄道
(Severn Vally Railway)

Bridgnorth
Town Park

終着駅

車庫

駅舎

吊り橋
歩行者専用

ブリッジノース
Bridgnorth駅

パブ The Old Castle
（オープンテラス席あり）

ブリッジノース城
Bridgnorth Castle
and Gardens

パブ
Railwayman's Arms

カフェ Bridgnorth
Refreshment Room

キダーミンスター(Kidderminster)駅9:00始発、ブリッジノース(Bridgnorth)駅10:15着のディーゼル機関車(BR Class 40 40106 Atlantic Conveyor)は、1960年 Robert Stephenson & Hawthorns Ltdで製造され1960年にクルー(Crewe)に配属。 イングランド北西部に拠点を置き、その生涯を働いた。 1984年に保存機種となり、SVRの2011年と2014年のディーゼル祭りに訪れている。 現在はベリー(Bury)のイースト・ランカシャー鉄道(East Lancashire Railway)に本拠を置くクラス40保存協会(Class 40 Preservation Society)が所有し、1984年にアトランティック・コンベアと名付けられている。 赤茶色のディーゼル機関車(BR Class 31 31466/1969年 Brush Traction製造)が車庫から現れ、列車の先頭に連結され10:35発となる。 ディーゼル音、排気煙の匂いを残し出発する。

Bridgnorth駅　次発のディーゼル車庫から出庫
BR Class 31 31466　列車の先頭に機廻し

列車の先頭に機廻し

168

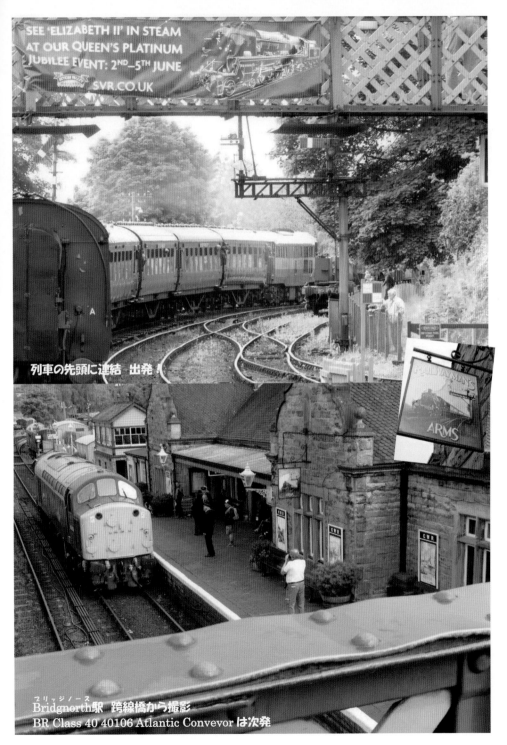

SEE 'ELIZABETH II' IN STEAM
AT OUR QUEEN'S PLATINUM
JUBILEE EVENT: 2ND–5TH JUNE
SVR.CO.UK

列車の先頭に連結　出発！

RAILWAYMAN'S
ARMS

フリッジノース
Bridgnorth駅　跨線橋から撮影
BR Class 40 40106 Atlantic Convevor は次発

169

Bridgnorth駅 に到着　ディーゼル Class33 型式：D6515

ティーゼル Class33 型式：D6515 運転室

Lt Jenny Lewis RN

D 6515

BR Class 40 40106
Atlantic Conveyor 運宴室

ブリッジノース
Bridgnorth駅
BR Class 40 40106
Atlantic Conveyor

40 106

BR Class 40 40106
コーヒーカップが置かれ運転にも余裕が

ブリッジノース(Bridgnorth)駅からセヴァーン川に沿った路線沿いの道路を徒歩約 20 分（自転車 10 分）、右側にDaniels Mill の看板が見えてくる。　右折すると水車小屋がある。　お目当ては煉瓦アーチ橋の下部にあるカフェ・ティルーム(Stables)から蒸機が通過するのを待ち受けての撮影だ。　川沿いの小道を少し上流に歩き、煉瓦アーチ橋を見上げて通り過ごしてから U ターンし、アーチ橋を潜ると牧草地。　この小道はフットパスとなっている。　この撮影ポイントはアーチ橋を渡る列車、タンポポが咲く牧草地を走る列車を撮影できる。　カフェ・ティルームではスコーン、チーズ、ハム、サラダ付きランチがお勧め。　あまりにも気持ちよく 11:00から 13:00 まで約 2 時間の癒しのカフェタイムだった。

172

ブリッジノース駅
Bridgnorth駅

終着駅

ブリッジノース城
Bridgnorth
Castle and
Gardens

駅舎

Bridgnorth

セヴァーン・ヴァレー鉄道
(Severn Vally Railway)

駅から煉瓦アーチ橋
まで徒歩約 15 分

煉瓦造りアーチ橋

撮影ポイント

水車小屋・カフェ

VISIT
DANIELS MILL
NR. BRIDGNORTH · SHROPSHIRE

TELEPHONE: 01746 769793
www.danielsmill.co.uk

バーミンガムの北方 70 km Stoke-on-Trentから路線バスに揺られて運河沿いの田舎へ
チャーネット・ヴァレー鉄道(Churnet Valley Railway)
カルドン運河(Caldon Canal)に沿って走り、途中のコンソール駅近くで運河を跨ぐ
Froghall～Consall～Cheddleton～Ipstone 間を運行
路線約 16.9 kmの標準軌道 www.churnet-valley-railway.co.uk

　チャーネット・ヴァレー鉄道(Churnet Vally Railway)は 1849 年に開通した旧ノーススタッフォードシャー鉄道(NSR:North Staffordshire Railway's)のチャーネット・ヴァレー線の一部である。　チェシャー州(Cheshire)のノース・ロード(North Rode)からスタッフォードシャー州東部(East Staffordshire)のアトックシター(Uttoxeter)まで約 44.5 kmが複線で完成した。　イングランド中部のスタフォードシャー州は、良質の粘土や石炭を産出することなどから、当時陶業が急激に発展していった。　陶器の原料や製品を輸送するのに網の目のように張り巡らされた運河が大きな役割を担っていたが、ナローボートでの輸送が限界に達し、大量輸送できる鉄道が待たれていたのである。　また、チャーネット(Churnet)渓谷は、谷に沿って鉄や銅、石灰岩や砂岩の採石場を持つ産業の重要な場所だった。しかし、路線は 1964 年から 1988 年の間に何段階かに分け旅客・貨物輸送が閉鎖された。　チャーネット渓谷の銅産業はかつて栄え、コードン・ロー(Cauldon Low)の石灰石採掘場はイングランドで最も重要な産業の一つであった。　石灰岩を輸送するため、コードン・ローの採掘場とフロッグホールの運河埠頭の間では地上に巻き上げ機を設置。　車両に結びつけた鋼索(ワイヤロープ)を牽引し、急こう配に敷設したレール上を実荷車と空荷車の重力差により移動する荷車が活躍した。　後に狭軌の路面路線を敷き、蒸気トラムにより旧フロッグホール駅に貨物輸送しに積み替えていたようだ。　その機関車は 0-4-0 サドルタンク機関車で、「ヒキガエル」の愛称があり、1877 年にラフバラ(Loughborough)のヘンリー・ヒューズ(Henry Hughes')工場からノーススタッフォードシャー鉄道が購入している。

　保存鉄道として 1992 年、チャーネット・ヴァレー鉄道(Churnet Valley Railway)が設立され、閉鎖されていた路線や駅舎を復活させ、最初の列車を 1996 年にチェッドルトンとリークブルック(Leek Brook)の区間(1 マイル)を走らせた。　1998 年にはチェッドルトンからコンソール(Consall)へ伸延し、旅客サービスを開始。　2001 年には、さらにコンソールからフロッグホール(Froghall)まで完成させ、現在の定期的に運行される路線となった。　鉄道の本社はキングスレー＆フロッグホール(Kingsley＆Froghall)にあり、チェッドルトン(Cheddleton)駅には機関車ヤードと整備工場、客車の車庫、19 世紀の状態のまま変わらぬ懐かしい小さな博物館駅も傍にある。ぜひ訪れたい。

　路線は短いが、始発駅となるフロッグホール(Froghall)、途中駅コンソール(Consall)、車庫と整備工場のあるチェッドルトン(Cheddleton)、終着折り返し駅イプストーン(Ipstones)の 4 駅がある。　定期運行ではチェッドルトン駅で折り返しとなるが、この 5 月のグリーン時刻表ではその先のイプストーン駅までとなっている。

　途中駅コンソールの近くにパブ(Black Lion Inn)があり、目の前がチャーネット・ヴァレー鉄道の路線とカルドン運河だ。　今回訪れたのは、パブのオープンテラス席からの蒸機、路線を挟んで運河からは小さな石造りの橋を渡る蒸機、さらにタイミング良ければナローボートの同時撮影をする目的だ。　保存鉄道はカルドン運河に沿って走るので、各駅の近くにはパブやカフェがある。　チェッドルトン駅からはチャーネット川と運河を渡り、徒歩約 5 分に The Boat Inn、フロッグホール駅から徒歩約 8 分にはコーヒーショップ・喫茶店 Hetty's Tea Shop がある。

　チャーネット・ヴァレー鉄道へは、バーミンガムのメイン駅となるバーミンガム・ニューストリート(Birmingham New Street)から鉄道(West Midlands Trains 等)でストーク・オン・トレント(Stoke-on-Trent)駅に約 1 時間で下車し、路線バスに 2～3 回乗り換えとなる。　駅前から路線バス(24 系統)で約 7 分の Hanley 停留所乗り換え、路線バス(KF Kingfisher)で約 27 分の Dovedale Road 停留所乗り換え、路線バス(30 系統)で約 2 分の Froghall Road 停留所で下車する。　バスがない場

合は徒歩約20分となる。　始発駅Froghall(フロッグホール)は直ぐ近くである。　バスはバスカードのみで、現金で乗れない路線もある。　今回は旅行者ということもあり、無料で乗せていただいた。　路線バスの乗車も、現地の生活が身近に感じられて良いのだが、ストーク・オン・トレント駅から保存鉄道の始発駅フロッグホール(Froghall)までタクシー(今回タクシーも利用しチップを含め約 30 £)を利用した方が正解かも知れない。　ちょっとアクセスが大変だが、田舎の駅舎、蒸機、運河、パブが温かく迎えてくれる癒しのおもてなしがある。

　通常運行は 4 月から 10 月までの季節運行、週末の土曜と日曜日、水曜日運行があるが他の平日には運行されていないので注意が必要だ。　サマーシーズンは運行の曜日が多くなる。
詳細はホームページ www.churnet-valley-railway.co.uk で確認して欲しい。

　2022 年 5 月の時刻表(緑)では、2 往復/日なのが寂しいが、サマーシーズンの週末土曜と日曜日には時刻表(青)となり 4 往復/日の運行となる。
10:30 フロッグホール駅発の一番列車に乗車し、帰りは 12:32 コンソール(Consall)駅で途中下車して、2 番列車をパブ(Black Lion Inn)周辺で撮影しよう。　2 番列車のコンソール駅着発が 13:42 なので 1 時間の余裕がある。　ビールとランチタイムの後、戻りの列車が 15:32 頃通過するので撮影。　何とディーゼル機関車牽引の列車であった。　蒸機の基地は一つ前の駅チェッドルトンなので切り離したようだ。　お疲れ様。

　前日の月曜日は運行がないので、カルドン運河のトウパス(側道)沿いのポタリングでチェッドルトン駅に向かうことにした。パブを出て運河に架かる小さな石橋を渡ると、すぐ先左側には石造り石灰窯(Lime kilns)の産業遺産がある。　コードン・ローの石灰石採掘場から運び、加熱して石灰を作りナローボートで出荷していたのだ。　夕方、チェッドルトン駅でスタッフにお願いし(協会に寄付 20 £)、整備・修復工場内の蒸機を撮影できた。　帰りは少し先の水車小屋近くのバス停から路線バスを乗り継いでストーク・オン・トレント駅に戻れた。

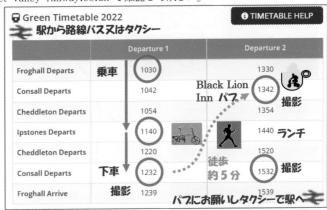

水車博物館
Cheddleton Flint Mill

運河が傍にあるパブ
The Boat Inn

水車小屋

駅から
約15分

イプストーン
Ipstone
終着駅へ

チャーネット川

カルドン運河

チェッドルトン
Cheddleton

駅舎
車庫
修復工場

バス停

徒歩約20分

バス停
（No.16系統）
Cheddleton
Station

便が少ない

チャーネット川

カルドン運河

チェッドルトン
Cheddleton駅

バス停 Ashcombe Park
路線バス（No.16系統）

チャーネット・ヴァレー鉄道
チェッドルトン
Cheddleton駅

No.16系統
約23分
乗り換え

駅前のバス停
Stoke-on-Trent
Railway Station

No.21, 25, 100系統
約7分

バス停 ハンリー Hanley
Bus Station

乗り換え

West Midlands Trains
ストーク・オン・トレント
Stoke-on-Trent 駅

KF Kingfisher
系統 約27分

最寄り駅

約1時間
乗車

バーミンガムのメイン駅
バーミンガム・ニューストリート
(Birmingham New Street)

　宿はストーク・オン・トレント駅の一つ手前、スタッフォード駅にある The Swan Hotel, Stafford, Staffordshire に宿泊した。 というのは、フロントがチェックイン 15:00～翌日のチェックアウト 11:00までと20時間対応なのでスケジュールの計画を立てやすい。

　チャーネット・ヴァレー鉄道へはストーク・オン・トレント駅から路線バスを乗り継いでのアプローチとなる。 始発駅のフロッグホール、車庫整備工場のある途中駅チェッドルトン、どちらもバスを乗り換え約1時間の乗車となり、駅までは徒歩 20 分田舎道を歩くことになる。 路線はカルドン運河とチャーネット川に沿って自然渓谷の中を蒸機が走る。 運河をナローボートが航行するのと蒸機がセットで撮影できるかもしれない。 楽しみは運河沿いのパブ(Black Lion Inn や The Boat Inn)でリッチな一日を過ごすこと。 ちょっと足を延ばせば、オープンテラス席のあるカフェ・ビヤガーデン Hetty's Tea Shop。 水車小屋があり、博物館となっていて内部を見学できる。

Hetty's Tea Shop
カフェ・喫茶

パブ Black Lion Inn
目の前が運河と鉄道路線

ベースフォード グリーン
Basford Green

チャーネット・ヴァレー鉄道
(Churnet Vally Railway)
路線総延長約 16.9 km
標準軌道

パブ Black Lion Inn
目の前が運河と鉄道路線

コンソール
Consall駅

Hetty's Tea Shop カフェ・喫茶 オープンテラス席もある！

撮影ポイント

コンソール駅迄
自転車約 15 分

バス停 Froghall Road
路線バス（No.30 系統）

コンソール自然公園
RSPB Consall Woods

カルドン運河のトウパス
を自転車走行

チャーネット川

カルドン運河

ヘーズルスクロス
Hazlescross

フロックホール
Froghall

バス停
Dovedale Road

No.30 系統
約 2 分

バス停

駅舎

フロックホール
Froghall駅
チャーネット・ヴァレー鉄道
(Churnet Vally Railway)

始発駅

バス停

徒歩約 20 分

TKh2944 "ホットスパー" は、1952 年にシャヌフ(Chrzanów)のポーランド最初の機関車工場である
ファブロック"Fablok"で製造された産業用タンク機関車だ。 ポーランドのミシュコビエツ
(Myszkowiec)にある冶金工場 ZakÅ,ady Metalurgiczne に供給された。 彼女は後にポーランド南部
のオジメク(Ozimek)にあるマワパネフ製鉄所(Huta Malapanew)に転属することになり、製鉄所の構
内で働いた。 この製鉄所はポーランドで一番古い製鉄所である。 1997 年に個人購入され、その
後スパヴァレー鉄道(Spa Valley Railway)に移管された。 オーバーホールの後、機関車は「ホットス
パー」HOTSPUR という名前を与えられ、その後 3 ヶ月の短期間線路で運用された後、さらなる修理
のために運用から外れ保管庫に入れられた。 2944 は 2011 年に (姉妹機の loco 2871 と共に)
売りに出され、 長期間にわたって適切なオファーがなかったが、 Steam Railway 誌に買い手が見
つからなかった場合、機関車はスクラップとして送られるという記事が掲載された。 そこでチャーネ
ット渓谷鉄道のボランティアのグループが、CVR で機関車を修復し、運用するという観点から機関車
を購入。 2944 は 2013 年 5 月に到着し、オーバーホールが同年 8 月に開始された。 9 ヶ月後、オ
ーバーホールが完了し、機関車は 2014 年 6/21 にチャーネット・ヴァレー鉄道の一員となり活躍して
いる。

お気に入りカフェ
Hetty's Tea Shop

産業遺産　石灰窯
Lime kilns

Froghall Road
路線バス（No.30 系統）

便が少ない
カルドン運河

チャーネット川

カルドン運河
リーク支線
総点埠頭係留地

徒歩
約7分

自転車
約2分

バス停

バス停

バス停 Dovedale
Road から

フロッグホール
Froghall

駅舎

フロッグホール
Froghall駅
チャーネット・ヴァレ
一鉄道（Churnet
Vally Railway）

始発駅フロッグホール(Froghall)駅では出発前に給水作業がある。　給水が溢れ出すハプニングがあり、機関士もこちらを向いて大笑い。　10:30発車、型式:2944 軸配置 0-6-0 タンク機関車の緑塗装がチャーネット渓谷の美しい緑とよく似合う。　チャーネット川とカルドン運河に挟まれた路線を走る。　コンソール(Consall)近くのパブ　Black Lion Inn の傍を通ると間もなくチェッドルトン(Cheddleton)駅だ。　機関士が構内作業スタッフに何か手渡しているが、皆和気あいあい。保存鉄道を愛しているのがとびっきりの笑顔でよく分かる。　駅に侵入するとディーゼル機関車牽引の列車が停止しているが出番は何時なのか。　チェッドルトン駅でも給水をしたが、実はこの時最後部にこのディーゼル機関車が後ろ押しで連結されていたことをその後知ることになる。

チェッドルトン
Cheddleton 駅に到着

チェッドルトン
Cheddleton 駅出発

停車中のひと時

終着駅イプストーン(Ipstones)は駅舎もホームもなく、乗客は車内

機廻し線があるのみ、いつの間にか蒸機は機廻しで先頭へ。　あれ、後押しをしたディーゼル機関車との間に入り連結、何故か不思議発見である。

給水溢れ笑顔！
フロッグホール
Froghall駅

お気に入りのパブ "Black Lion Inn" 傍を通過

まさかこのディーゼル機関車が最後尾に連結され
るとは思いもよらなかった。

終着のイプストーン(Ipstones)駅とは知らず、なぜ停止しているのか分からなった。　窓から最後部を見るとディーゼル機関車が後ろ押しで連結されているのを初めて知る。　蒸機に近い車両に乗っていたので蒸機の機廻しをせずディーゼル機関車が先頭で出発すると思い、最後部から最前部に車内をトコトコ歩き移動。　その途中デッキの窓から覗くと、その間に何と蒸機が機廻しをして先頭にいるではないか。　通路を移動していたので気付かなかった。　おまけにディーゼル機関車が前に移動し、蒸機が客車との間に入り込む様子なのだ。　スタッフが赤旗を出していた理由がこの時理解できた。　ディーゼル機関車と蒸機の2重連で出発し、Leek Brook 駅に止まらないで通過する。チェッドルトン駅に到着するが、機関車2台と先頭客車はホームからはみ出して停止。　ディーゼル機関車が切り離されて機廻しをして駅の定位置に戻る。　勾配区間だったのと連結客車が多かったことで後押しをしたのだ。　ミステリー体験乗車ができ、嬉しいサプライズとなった。

フロッグホール駅から徒歩約7分（自転車2分）、新緑の樹木の中にオープンテラス席のあるカフェ・ビヤガーデン"Hetty's Tea Shop"がある。 煉瓦造りの建物が自然の緑とよく似合っている。 コーヒーとスコーンで一休みと洒落込んだのだが、ランチを楽しみながら丸一日のんびりと過ごしたい瞬間でもある。 敷地内は芝生が敷かれ広々としていて気持ちが良い癒しの空間だ。皆思い思いのスタイルでくつろいでいる。

185

カフェ・ビヤガーデン"Hetty's Tea Shop"
で休憩した後、道を挟んで隣にあるカルドン
運河(Caldon Canal)リーク(Leek)支線の終点
埠頭に向かうとナローボートが係留されてい
る。 運河から係留地に入るところにはロック
と呼ばれる閘門があり、人手によって2か所
のゲートを交互に開閉し通航する仕組み
だ。 カフェの駐車場への入口の傍には石
造り石灰窯(Lime kilns)の産業遺産がある。
コードン・ローの石灰石採掘場から運び、加
熱して石灰を作り、ナローボートで製品とし
て出荷していたようだ。 緑に囲まれたカフ
ェ・ビヤガーデンは見どころいっぱいである。
これからカルドン運河のトウパス(側道)を走
り、目の前で運河と鉄道路線が交差するパ
ブ Black Lion Inn を目指す。 なお、カルド
ン運河の主目的は、ストーク・オン・トレント
(Stoke-on-Trent)に石灰岩を運ぶために
1776 年に建設された。

Hetty's Tea Shop

WALL'S®
ICE CREAM
SOLD HERE

オープン
テラス席

P

閘門

P

カルドン運河
リーク支線
終点埠頭係留地

産業遺産　石灰窯
Lime kilns

カルドン運河とトウパス

石灰窯(Lime kilns)の産業遺産

187

カルドン運河のトウパス(側道)を自転車で走ること約 15 分でパブ・ブラックライオンイン(Black Lion Inn)に着く。　途中に運河の高低差を乗り越えるロック(Lock)と呼ばれる閘門がある。　この区間は運河と鉄道とチャーネット川が並んで仲良く通っている。　チャーネット・ヴァレー鉄道のコンソール駅からは徒歩約 5 分と近く途中下車も良い。　パブのオープンテラス席でビール＆食事をしていると、

蒸機が目の前を走ってくれる。　運が良ければ運河のナローボート、小さな石橋、パブ・ブラックライオンイン、蒸機の4点セットが撮影できるポイントだ。　一番列車の戻りはコンソール駅で下車しパブへ、二番列車の往（蒸機）と復（ディーゼル）の通過を撮影できた。　昨日は保存鉄道の運行がなかったので、フロッグホールからチェッドルトンまでのカルドン運河トウパスポタリング。　アクセスは行き帰りとも路線バスを体験。　今日はストーク・オン・トレント駅から始発駅のフロッグホールまでタクシーに乗車（チップ込み 30£）。　帰りも撮影とビール疲れで、パブの主人にタクシーを呼んでもらい、ストーク・オン・トレント駅まで乗車（チップ込み 30£）。　タクシーは往復とも日本車で、お年寄りの運転手が飛ばすので怖い。

189

　チャーネット・ヴァレー鉄道(Churnet Vally Railway)は、始発駅フロッグホール(Froghall)から出発するとカルドン運河沿いに走りコンソール(Consall)駅停車。　駅近くのパブ・ブラックライオンイン(Black Lion Inn)の傍を走ると直ぐチェッドルトン(Cheddleton)駅だった。　以前はこの駅止まりであったが、この先北方に位置するリークブルック(Leekbrook)駅まで伸延復活している。

　この鉄道は、かつてノース・ロード(North Rode)からリーク(Leek)を経由してウトクセター(Uttoxeter)まで走ったノース・スタッフォードシャー鉄道(North Staffordshire Railway)である。　チャーネット・ヴァレー鉄道は、スタッフォードシャー州の「リトルスイス」として知られる美しい田園地帯、チャーネット渓谷を通過し、カルドン運河と並行に走る。　この田舎路線は昔の良き時代に戻る旅ができる。

　幸せな蒸気機関車 TKh2944 "ホットスパー"
　実はこの緑色蒸機は、ポーランド製である。　蒸機が解体されることを聞き、チャーネット・ヴァレー鉄道で走らせようと、鉄道愛好家が資金を持ち寄って購入し救い出した。
　英国の保存鉄道の運行は、ボランティアが主体。　ポーランドで廃車寸前の蒸機を助け出し、復元修復する。　ここまで徹底する英国の鉄道愛好家の志は、日本では考えられない。　それほどまでに鉄道に愛着があるのは、長い時間をかけ積み重ねてきた歴史と習慣があるからこそだろう。　日本では観光鉄道が脚光を浴びているが、保存鉄道の概念がまだ育っていないのが残念だ。

チェッドルトン(Cheddleton)駅はノース・スタッフォードシャー鉄道(NSR)の旧旅客駅で、現在はスタッフォードシャーにあるチャーネット・ヴァレー鉄道の保存駅だ。 1849 年に建てられたビクトリア朝のゴシック様式駅舎である。 保存鉄道運行日の前日チェッドルトン駅の踏切横の小さなゲートが空いていたので強引に進入し、プラットフォームを歩くと車庫の入口へたどり着いた。 前庭で何やらOB のようなシルバー数人が井戸端会議しているので挨拶をする。車庫の入口ドアが空いていたので覗くと、運よくスタッフがいたので「20£ 協会に寄付したいので車庫内を見学させていただきたい」とお願いすると、OK！

S160 型式：5197
定期運行に組み込まれ、整備中

S160 型式：5197 1945 年 Lima Locomotive Company in Ohio, USA 製造 中国に輸出され石炭産業で働き、1995 年スクラップから救われ英国へ、第二の人生をこの地で働く幸せ者だ。

チェッドルトン
Cheddleton駅車庫

チェッドルトン
Cheddleton駅

S160 型式：5197 の姉妹機 型式 6046 の様だ
が、機関室が外され車庫内で整備中であった。

明日運行の
「ホットスパー」

GENTLEMEN

PASSENGERS
MUST NOT
PROCEED PAST
THIS POINT

チャーネット川とカルドン運河に挟まれた道を走ってきたので、チェッドルトン(Cheddleton)駅に向かうには右折しチャーネット川に架かる石橋を渡る。 すると正面に駅舎が見えてくる。 左折しカルドン運河に架かる石橋を渡ると運河沿いにお勧めのパブ"The Boat Inn"がある。 駅舎は 1849 年に建てられ、1960〜1970 年代のチャーネット・ヴァレー線で解体を生き延びたのが、チェッドルトン、ラシュトン(Rushton)、アルトン(Alton)の 3 駅だ。 駅舎前から少し離れて整備・修復工場がある。 駅からカルドン運河沿いに自転車で約 10 分(徒歩約 25 分)の所にある水車小屋(Cheddleton Flint Mill)は、産業遺産として登録され、博物館となり内部を見学できる。 陶器産業のために必要なフリント(Flint:火打石または発火石)を粉砕していたようだ。 約 800 年前からトウモロコシの粉砕に使用されていたものを、18 世紀後半にフリントを粉砕するために改装されている。 工場を訪問すると焼成、粉砕、沈降および乾燥プロセスを通して歴史的、技術的背景が理解できる。 維持管理しているのは Cheddleton Flint Mill Industrial Heritage Trust。 ボランティアが運営している。 月曜日と水曜日、12:00〜16:00 にオープンする。 入場は無料だが、維持管理の費用として寄付をしよう。 訪れたのは火曜日なのでクローズ。 残念だ。 近くにバス停 Station Road があり、乗車すればハンリー(Hanley)バスターミナル乗り換えでストーク・オン・トレント(Stoke-on-Trent)駅に戻れる。

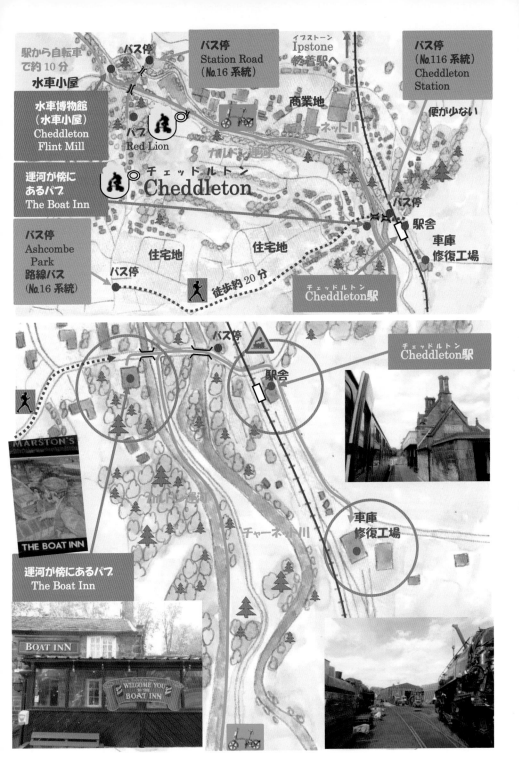

駅から自転車で約10分
水車小屋

バス停

バス停
Station Road
（No.16 系統）

イプストーン
Ipstone
終着駅へ

バス停
（No.116 系統）
Cheddleton
Station

水車博物館
（水車小屋）
Cheddleton
Flint Mill

パブ
Red Lion

商業地

カルドン運河

ネット川

便が少ない

運河が傍にあるパブ
The Boat Inn

○◎ チェッドルトン
Cheddleton

バス停

駅舎
車庫
修復工場

バス停
Ashcombe
Park
路線バス
（No.16 系統）

バス停

住宅地

住宅地

徒歩約20分

チェッドルトン
Cheddleton駅

バス停

チェッドルトン
Cheddleton駅

駅舎

MARSTON'S

THE BOAT INN

チャーネット川

車庫
修復工場

運河が傍にあるパブ
The Boat Inn

BOAT INN

WELCOME YOU TO THE
BOAT INN

ロンドン南部へ約 43 km、ウェスト・サセックス（West Sussex）州の東北部にある
ブルーベル鉄道（Bluebell Railway）
1960 年に開業した、英国内初の標準ゲージ保存鉄道
イースト グリンステッド キングスコート ホーステッド ケインズ シェフィールド パーク
East Grinstead〜Kingscote〜Horsted Keynes〜Sheffield Park 間を運行
路線 約 17.7 km（11 マイル）の標準軌道 www.bluebell-railway.com

ブルーベル鉄道へは、英国鉄道（National Rail）のロンドン・ビクトリア（Victoria）駅からサザン鉄道（Southern Railway）に乗車。 乗り換えなしの直行列車でイースト・グリンステッド（East Grinstead）駅へ約1時間と近く、ロンドンから日帰りも可能である。 駅舎から外に出て徒歩 2 分、ブルーベル鉄道の始発駅となる同名のイースト・グリンステッド駅がある。 もともと路線は英国鉄道なので繋がっているが、相互乗り入れはなく駅舎は別である。 数年前までの運行は一つ先のキングスコート（Kingscote）駅までだったが、念願かなって英国鉄道駅イースト・グリンステッドまで伸延復活した。 それまではイースト・グリンステッド駅からキングスコート駅へ、赤いレトロな 2 階建バスがシャトル運行していたそうだ。 伸延接続されアクセスは良くなったが、赤いレトロなバスも魅力あると思うのは私だけではないだろう。 ぜひバスによるアプローチも復活して欲しいものだ。

保存鉄道としてのブルーベル鉄道は、1882 年に開業したロンドン・ブライトン＆サウス・コースト鉄道（London, Brighton and South Coast Railway）の一部であるルイス（Lewes ）とイースト・グリンステッド（East Grinstead ）の路線区間で運行している。 1958 年に閉鎖されたが、3 年も経たない 1960 年に保存鉄道として再開業している。 長らくシェフィールドパーク（Sheffield Park）とホーステッド・ケインズ（Horsted Keynes）の間で列車運行していた。 2013 年には、キングスコートで切断されていた埋め立て廃棄物を取り除き、英国鉄道（National Rail）網のイースト・グリンステッド（East Grinstead）駅から約 100m 手前の新たなイースト・グリンステッド駅まで走り始めた。 本社や機関庫、車両の基地はシェフィールドパーク駅にあり、ブルーベル鉄道のメインの始発駅となっている。 路線総延長 17.7 kmの標準軌道で、駅舎は4駅。 始発のシェフィールドパーク駅は、1882 年に建てられたが、1880 年代のブライトン時代の様式で復元されている。 駅の 2 番ホームには博物館があるので訪れてみよう。 駅から徒歩圏内には、ナショナル・トラストが管理運営する公園施設シェフィールド・パーク・アンド・ガーデン（National Trust – Sheffield Park and Garden）がある。 ホーステッド・ケインズ駅は 1882 年にロンドン・ブライトン＆サウス・コースト鉄道によって建設され、1930 年代には大きなジャンクションステーションとなり、アーディングリー（Ardingly）経由でヘイワーズ・ヒース（Haywards Heath）に路線が分岐していた。 現在の駅は 1920 年に復元され、今では映画やテレビ会社に人気で、ダウントン修道院、黒の女、マペッツ・モスト・ウォンテッドの撮影場所として使用されている。 キングスコート駅は 1882 年にロンドン・ブライトン＆サウス・コースト鉄道によって建設された。 その後 1950 年に復元された最も静かで美しいである。 イースト・グリンステッド駅は、2013 年に英国鉄道の本線イースト・グリンステッド駅に伸延され再接続された。 ロンドン・ビクトリア駅発の列車で、終着駅とな

保存鉄道イースト・グリンステッド駅から撮影

英国鉄道
イースト・
グリンステッド駅

るイースト・グリンステッドからブルーベル鉄道へは道に沿って徒歩わずか 1 分。 鉄道事業は主にボランティアによって運営されている。 1968 年に英国本線の鉄道で蒸機運行が廃止される前から多くの蒸気機関車を保存し、国立鉄道博物館に次いで 2 番目に大きなコレクションの 30 台以上の蒸気機関車を保有している。 保存鉄道は基本的には通年運行で、4月から 10 月には毎日運行となるが、運行しない日もある。 それ以外の月は運転日がまばらなのでホームページで確認が必要である（www.bluebell-railway.com）。

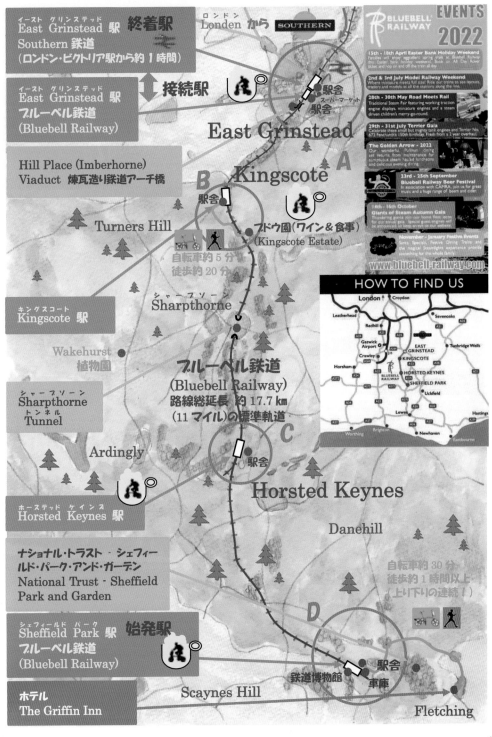

CAMELOT

73082

73082

73082

7308

Train depart today for...
Kingscote, Horsted Keynes
and Sheffield Park
at the following times:

ARRIVE	DEPART
11-10	11-30
1-40	2-00
4-10	4-30

SOUTHDOWN
AND
EAST GRINSTEAD
BREWERIES LTD
WINES &
SPIRITS

73082

イースト グリンステッド 駅
East Grinstead 駅

2022 年 5/4(水)、/5(木)の時刻表は TIMETABLE-A、3 往復の運行となる。 ロンドンビクトリア(Victoria)駅からサザン(Southern)鉄道の 7:50 発に乗車、乗り換えなしの直行列車でイースト・グリンステッド(East Grinstead)駅 8:50 着の約 1 時間の乗車である。 ブルーベル鉄道のイースト・グリンステッド(East Grinstead)発は 11:30 なので余裕がある。 駅には食堂車を活用したカフェがありコーヒータイム。 この列車はシェフィールドパーク(Sheffield Park)駅発の一番列車でイースト・グリンステッド駅では折り返し発となる。 蒸機の型式は 73082 号機、愛称「CAMELOT」は出発するとすぐに煉瓦造りアーチ高架橋を渡り、途中の停車駅はキングスコート駅、ホーステッド・ケインズ駅、終着シェフィールドパークには 12:10 着。 約 40 分の乗車だ。 途中に村の下を通過する英国の保存鉄道で、最長の総煉瓦造り 668 m(731 ヤード)のシャープソーン(Sharpthorne)・トンネル(Tunnel)があるので体感しよう。 ブルーベル鉄道のメイン駅であるシェフィールドパークには、鉄道博物館や車庫、売店、カフェがある。 近くにはナショナル・トラストが管理運営する公園シェフィールド・パーク・アンド・ガーデン(National Trust – Sheffield Park and Garden)がある。 時間に余裕があれば寄ってみよう。 今日の宿泊地は少し遠いが自転車で約 30 分(徒歩約 1 時間以上)の所にあるフレッチング(Fletching)村のちょっとリッチな The Griffin Inn(B＆B)に宿泊予約をしている。

フレッチング(Fletching)村
The Griffin Inn(B＆B)宿

SERVICE TRAINS 2022 - TIMETABLE - A

Sheffield Park		10:30	1:00	3:30
Horsted Keynes ARR		10:45	1:15	3:45
Horsted Keynes DEP		10:47	1:17	3:47
Kingscote	ARR	11:01	1:31	4:01
Kingscote	DEP	11:03	1:33	4:03
East Grinstead		11:10	1:40	4:10
East Grinstead		11:30	2:00	4:30
Kingscote	ARR	11:37	2:07	4:37
Kingscote	DEP	11:39	2:09	4:39
Horsted Keynes ARR		11:53	2:23	4:53
Horsted Keynes DEP		11:55	2:25	4:55
Sheffield Park		12:10	2:40	5:10

1	2	3	4	5	6	7
See more						See more
8	9	10	11	12	13	14
See more						See more
15	16	17	18	19	20	21
See more					See more	See more
22	23	24	25	26	27	28
See more						
29	30	31	1	2	3	4

Special Event | The Golden Arrow | The Wealden Rambler Afternoon Tea | Pie & Mash Lunch Train
Sausage & Mash Specials | Fish & Chip Specials | Curry Evening | Sussex Cottage Stew
Beer Festival | Footplate Taster Experiences | Toy & Rail Collectors Fair
The Wealden Rambler Chocolate Afternoon Tea | SteamLights | Service B | Service C
No trains running | Service A | Santa Specials | All categories

英国鉄道(National Rail)のイースト・グリンステッド(East Grinstead)駅舎から外に出て徒歩約２分のところに、ブルーベル鉄道の始発駅となる同名のイースト・グリンステッド駅がある。　エントランスから入り右のチケット売り場で一日乗り放題の券を購入(VISA カード可)。　左には客車をカフェにした"Grinstead buffet"があり休憩。　機関室に乗せてもらったが、機関士さん達も出発前のコーヒータイムである。　転車台がないので、シェフィールドパーク行きは後ろ向きスタイルとなる。

East Grinstead 駅
Southern 鉄道
接続駅

Londen から

駅舎

スーパーマーケット
駅舎

East Grinstead

Hill Place
(Imberhorne)
Viaduct 煉瓦
造り鉄道アーチ橋
下部から橋脚を見上げ
るのみ！

East Grinstead 駅
ブルーベル鉄道
(Bluebell Railway)

FIRE

SOUTHERN

The Bluebell Railway is operated by over 800 willing volunteers across the railway. If you would like to join in helping us to preserve & restore our locomotives, carriages, stations, bridges & track please ask any member of staff for details. We are currently especially looking for volunteers in the following department:

STATION STAFF

THE GRINSTEAD

キングスコート
Kingscote駅を出発する
蒸機(型式:73082)

　以前の運行はシェフィールドパーク(Sheffield Park)からキングスコート(Kingscote)駅までだったが、2013 年には念願かなって英国鉄道本線のイースト・グリンステッド駅まで伸延復活できた。 その当時は連絡バスとしてレトロで赤いボンネットタイプの 2 階建シャトルバスが運行されていたそうだ。

5 月に咲き誇るブルーベルの花が
撮影したくてこの駅を訪れた！

キングスコート
Kingscote駅に到着蒸機(型式:73082)

キングスコート(Kingscote)駅で下車したのには理由がある。 それは 5 月に咲くブルーベルの花だ。 ブルーベル鉄道のホームページにも掲載されている写真で情報を得ていたが、駅からシェフィールドパーク方面の路線沿いにブルーベルの花が咲き誇るのを、走る車窓から確認。 駅のボランティアスタッフに、路線沿いの細い道を歩いても良いかと聞くと、だめとのこと。 ならば自転車があるさ。 ホームページに掲載されている漫画地図には、煉瓦造りのアーチ橋、歩く道フットパスが線路を跨いでいることが記載されていたので、グーグル地図と睨めっこしながら走り探すことにした。 ブドウ園(Kingscote Estate)への案内標識があり、進むと煉瓦造りのアーチ橋で路線土手を潜るとワインと食事ができるブドウ農家が経営するショップがある。 この土手にブルーベルの花が木漏れ日の中でちょっと控えめに、うつむき加減に優しく満開に咲いていた。 日本人の性格や感情に似ているなあと、ふと思った。 このポイントで撮影しよう。 おばさん達のグループが通りかかり、駅から歩きワインと会話を楽しみにやってきたと言う。 英国製のブロンプトンを日本から持ってきたと話すと皆ビックリ。急に場が和やかになる。 ちなみに、ブロンプトンは英国では市民権を得ている。

路線土手を貫通する煉瓦造りのアーチ橋

ブルーベルの花

ブドウ園(Kingscote Estate)に通じる煉瓦造りのアーチ橋の傍から撮影

パブリックフットパス、
自転車を置いて歩き
路線に出ると石造り
の橋が現れた。

路線が見える！

PUBLIC FOOTPATH

TURNERS HILL
ROAD BR. 15-23

VOWELS LANE BR. 15-10

Kingscote 14-78

KINGSCOTE STATION BR. 14-71

Kingscote Estate

MILL PLACE BR. 14-29 ブドウ園

撮影ポイント

BIRCHSTONE BR. 14-20

MILL PLACE
WOOD

BIRCH FARM
FOOT CROSSING
14-17

撮影ポイント

KEY

ontal scale VARIES as

DEAN'S CROSSIN

キングスコート
Kingscote駅へ

5月に咲き誇るブルーベルの花が撮影したくて訪れた！超望遠撮影、石橋に行く道は無し。

　地元で歴史ある農家のブドウ園では各種ワインボトルを販売、オープンテラス席でワインと食事、
軽食やアイスクリームも楽しめる。　テラス席からはブドウ畑、羊の放牧、蒸機が走るのも見える。

路線土手を貫通する煉瓦造りアーチ橋の傍から撮影

シェフィールドパーク(Sheffield Park)はブルーベル鉄道のメイン駅で、始発駅となっている。 構内には鉄道博物館があり1882年に開業したブルーベル鉄道や英国鉄道の歴史を学べ、鉄道発祥の国であることを再認識できる。 もう一つは1946年ウィルバート・オードリーが「機関車トーマスシリーズ」を出版し、世界の子供たちや鉄道大好きおじさん達を夢中にさせているが、「がんばりやの機

シェフィールド パーク
Sheffield Park駅 到着

シェフィールド パーク
Sheffield Park駅 機廻し

始発駅

鉄道博物館　駅舎

醸造所　車庫

ブルーベル鉄道
(Bluebell Railway)

The Griffin Inn へ

シェフィールド　パーク
Sheffield Park 駅
ブルーベル鉄道
(Bluebell Railway)

駅舎玄関

NUGGET BOOT POLISH

ホームには旅行トランク

関車」の主人公である"ステップニー(STEPNEY)"が博物館内に静態保存されており、その展示を見ることが楽しみだ。オーバーホール待ちだが実走行が待たれる。　ちなみに、ブルーベル鉄道の名称は、路線の周辺に"ブルーベル"という花が咲き誇ることから名付けられたそうだ。　開花時期は5月なので撮影が楽しみである。

　この蒸機(型式:73082)の愛称は「キャメロット(Camelot)」。イギリス国鉄の標準クラスであり、軸配置は4-6-0、1955年ダービーの Derby Works 製造である。　ブルーベル鉄道を拠点とする 73082 キャメロット機関車協会が所有している。

CROSS THE LINE HERE
ESCORTED BY A
ER OF STAFF
TTON AND WAIT

5
73082

BRITISH RAILWAYS

到着後の点検確認をする機関士

シェフィールドパーク(Sheffield Park)駅を出発する間際に機関室に乗車した。　フレンドリーな機関士二人は仕事を楽しみながら息もぴったりだ。　石炭を窯に入れる作業を見学し、お二人の写真を撮らせてもらう。　私の英国保存鉄道追いかけの大切な財産となり、出発する蒸機に手を振ると、とっておきの笑顔が返ってきた。　こんな出会いがあるから保存鉄道旅は止められない。　必ずまた英国を訪れ、機関士のお二人との再会も、型式：73082「キャメロット」の追いかけも楽しみだ。　列車が見えなくなるまで手を振る私だが、ふと我に返り、そうだ！お目当ての博物館には機関車トーマスシリーズの物語で「がんばりやの機関車」の主人公である"ステップニー(STEPNEY)"が待っている。

機関士二人の笑顔に魅せられ、蒸機「キャメロット」とお二人の追いかけに嵌まりそうだ。

出発進行　　　　　後方確認　　　　　汽笛と煙の余韻を楽しむ

シェフィールド　パーク
Sheffield Park駅　出発間際の蒸機は型式 73082「キャメロット」

石炭を罐に投入する作業に力が入る。

209

博物館内にお目当ての"ステップニー(STEPNEY)"と"ブルーベル(BLUEBELL)"いたぞ。 1875年製造、1960年5月にブルーベル鉄道が開業した時にやってきた。 何とステップニーは147歳なのだ。 絵本「がんばりやの機関車」で登場するステップニー、ブルーベル、キャプテン・バックスターが仲良く勢ぞろいしている。 この3台は以前運用されていたが今はオーバーホール待ちだそうだ。 ウィルバート・オードリーが描いたトーマスシリーズに登場するキャラクター達は単なる絵本上の物語でなく、実在していることを70歳になり改めて知ることになる。 147歳のステップニーは本当に幸せ者。 キャラクターの顔つきは、大人も絵本の世界に惹かれる。 ちなみにウィルバートは1945年「3台の機関車」(The Three Raileay Engines)で絵本作家としてデビューしているが聖職者でもある。

がんばりやの機関車

Dorking Greystone
Lime Company, No. 3
キャプテン・バックスター
'Captain Baxter' 1877年製造

ステップニー(STEPNEY)
ロンドン・ブライトン・アンド・サウスコースト鉄道(LB&SCR)
A1 クラス Stroudley Terrier,
No. 55 'Stepney' 1875年製造

SR Maunsell Q-class No. 30541
1939年製造 屋外ヤードで運行準備中

がんばれ機関車トーマス
THOMAS ENGINE THOMAS AGAIN

ブルーベル（BLUEBELL）
SECR Wainright P-class,
No. 323 'Bluebell' 1910 年製造

LBSCR Billinton Radial Tank,
No. B473 1898 年製造

ブルーベル鉄道のシェフィールドパーク(Sheffield Park)駅から、車がビュンビュン飛ばす怖い道と田舎道を自転車で走る。　連続する丘を押し歩きでやっとたどり着いたのがフレッチング(Fletching)村の"The Griffin Inn"。　1階のレストランで夕食の予約をすると、感じの良いスタッフができればフォーマルな服装で、と言っているように聞こえた。　旅は経験。　こんな時にと薄手のブレザーをいつも持参している。　地元の方がお洒落な服装で着飾って週末の食事を楽しんでいる。　私はハンチングハットを被り、モンベルのチェック柄シャツに濃紺ブレザー、ニッカポッカスタイルだ。　旅する服装の上にブレザーを羽織るだけで様になる自慢のファッションで、その場を上手く乗り切った。

宿"The Griffin Inn"　の裏庭はビヤーガーデン

宿"The Griffin Inn"　村の表通り

フレッチング(Fletching)村にある"The Griffin Inn"　での夕食

フレッチングの宿に行く押し歩きの途中、雑木林の木漏れ日が射す小さな広場に、イギリスに春を告げるイングリッツシュ・ブルーベルが群生しているのを発見し、急ブレーキ。　休憩撮影タイムとしよう。　ラヴェンダーブルーの花は、日当たりの前面に出しゃばらず少し引き、先端がカールする青い釣鐘状の花弁が可愛らしく、少しうつむき加減に咲き誇っている。　開花時期は 4 月から 5 月、今回はブルーベルの花とブルーベル保存鉄道の蒸気機関車をコラボ撮影したくて訪れた。

春を告げるイングリッツシュ・ブルーベルが群生しているのを
発見、急ブレーキ！

カールして可愛く
少しうつむき加減

ブルーベルの花はちょっと控えめに見て！見て！と群生、
日本人らしい花だと感じた。

ディドコット・レイルウエイ・センター (Didcot Raileay Centre)
旧グレートウエスタン鉄道の機関庫を活用した鉄道博物館
かつて、英国全土を駆け抜けた花形蒸気機関車群(標準軌)を動態保存

2022年5月、ディドコット・レイルウエイ・センターでは、保存鉄道の特別運行として、/1,2は銀行休日の蒸機日(Bank Holiday Steam Up)、/7,8はディーゼル日(Heritage Diesel Days)、/14,15,21は春の蒸機日(Spring Steam Days)と、イベントが目白押しで開催される。 旅のスケジュールをやりくりし5/7(日)に訪問できた。 当日、場内では歴史あるディーゼル機関車が客車を牽引。 旧GWRディーゼル気動車も運行し、何と乗り放題だ。 もちろん1932年に建てられた機関庫内や構内では、約2世紀に渡る歴史ある蒸気機関車群に接することができる。 旧グレートウェスタン鉄道の黄金時代に時間をさかのぼり、ビクトリア朝時代から1960年代までの列車に出会え、古き良き時

代にタイムスリップできる。 ディドコット・レイルウエイ・センターのあるディドコット・パークウェイ(Didcot Parkway)駅へは、ロンドン/パディントン(London/Paddington)駅からグレート・ウェスタン・レールウェイ(GWR: Great Western Railway)で約40分の乗車となる。 駅はブリストル(Bristol)方面とオックスフォード方面へのトライアングルジャンクションとなる重要な分岐駅となっている。 鉄道センターの入り口となるチケ

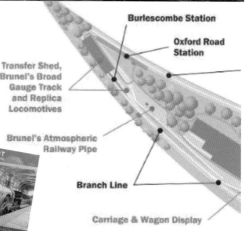

ットオフィスへは、駅から直結の地下道を歩く。 すると、そこに旧グレートウェスタン鉄道時代そのままの機関庫が目の前に現れ、何だか懐かしい。

1932年建築の機関庫

2022 年 5 月 May 2022

Mo	Tu	We	Th	Fr	Sa	Su
						1
2	3	4	5	6	7	8
9	10	11	12	13	14	15
16	17	18	19	20	21	22
23	24	25	26	27	28	29
30	31					

ディドコット・レイルウエイ・センター ホームページ

Heritage Diesel Days

April 9/10, 23/24 and May 7/8 -
Unlimited diesel train rides, 200
years of railway heritage &
plenty to explore

200 years of railway heritage to explore across 21 acres

| Steam Days | Special Events | Discovery Days | Diesel Days | Steam Into Christmas |

オックスフォード
Oxfordへ

オックスフォード ロード
Oxford Road 駅

バールスクーム
Burlescombe 駅

ディドコット レイルウエイ
Didcot Raileay
センター
Centre(旧機関庫)

客車展示建屋

トラバーサー

転車台

ディドコット 信号所
Didcot Halt

修復工場

機関庫

石炭積込ヤード

ブリストル
Bristolへ

アインシャム 駅
Eynsham 駅

地下道 入口チケット売場

ディドコット パークウエイ
Didcot Parkway駅
(Great Western Railway)

駅舎 Londen

Picnic Tables
and Play Area

Locomotive
Turntable

1932
Engine Shed

Air Raid
Shelter

Main
Demonstration
Line

Eynsham
Station

WAY IN

cot Halt

Signalling Centre

Small Artefacts
Museum

Refreshment
Rooms

Gift
Shop

Toilets

Coal Stage

ディドコット・パークウエイ(Didcot Parkway)駅から直結の地下道を潜ると、そこには産業革命の
頃に英国全土を駆け巡った蒸気機関車やディーゼル機関車の動態保存された楽園が現れる。
その姿は、現在の鉄道に負けない迫力あるデザインの車両群ばかりだ。　チケットを購入し、入る
と正面にデモ運転の始発駅アインシャム(Eynsham Station)がある。　ディーゼルのイベント日なの

小さな博物館内

1959 年
British Railways, Derby 製造

横移動トラバーサーの操作小屋

で特別運行として、ディーゼル機関車"テディーベア"(客車牽引)が、この駅からメイン・デモンストレーション路線の短い距離だが、オックスフォード・ロード(Oxford Road)駅の間をピストン運転。 ディーゼル気動車"空飛ぶバナナ"も、機関庫の奥左手にあるディドコット停留所(Didcot Halt)から、ブロードゲージの蒸機が保存されているバールズクーム駅(Burlescombe Station)間を走る。

　お目当ての1932年に建築された機関庫まで線路間に沿った構内の道を歩くと、左手前には石炭の積み込みヤード(Coal Stage)、機関庫の左側の建屋にはレストラン(Refreshment Room)、土産物売り場(Gift Shop)、お手洗い(Toilets)が入り、奥には小さな鉄道関連の資料や部品を集めた博物館(Small Artefacts Museum)や信号センター(Signal Centre)がある。 機関庫と奥に併設されている修復工場を見学した後、その先へ奥に歩くとディドコット停留所(Didcot Halt)、転車台(Locomotive Turntable)、来場者のピクニックエリア(PicnicTables and Play Area)がある。 目の前の大きな建屋は客車展示場(Carriage & Wagon Disply)が、建屋前には車両の横移動装置トラバーサー設けられている。 その先の奥のエリアには GWR の技師イザムバード・キングダム・ブルネル(Isambard Kingdom Brunel)が採用した広軌の支線(Branch Line)が設けられ、走行実演もされるようだ。 バールズクーム駅(Burlescombe Station)には車庫小屋があり、GWR ブロードゲージのレプリカ"ファイヤーフライ(Fire Fly)"と"アイアン・デューク(Iron Duke)"の蒸機2両が保存されている。

可愛い保線用トロッコは木陰で休憩中

217

訪れたのは特別運行のあるディーゼル日(Heritage Diesel Days)。 場内のメイン実演路線(Main Demonstration Line)では、鉄道愛好家に人気の愛称"テディーベア"ディーゼル機関車(型式：D9516)が客車を牽引する。 機関車は 1964 年 British Railways のスウィンドン工場(Swindon Works)で製造。 この型式 Class 14 Paxman は、構内ヤードの入れ替え作業や短距離貨物列車(主に石炭の輸送)用に設計され、総数 56 両が製造された。 軸配置 0-6-0、650 馬力を持つ油圧ディーゼル(Diesel Hydraulic)タイプの仕様である。 確かに機関室のデザインは可愛らしくテディーベアに似ている。 もう一台のディーゼル気動車(型式：22 - DIESEL RAILCAR)、GWR は 1933 年から 1942 年の間に 38 両製造された。 この気動車は、何と客車や貨車も牽引できるそうだ。 この 22 番気動車は 1940 年スウィンドン/サウソール(Swindon/Southall)で製造され、エンジンは、50 年以上にわたってロンドン交通バスで使用されているものと非常によく似た仕様の 6 気筒エンジンを搭載している。 1978 年にディドコットにやってきた 22 号機は、GWR 気動車で保存のために生き残った 3 両のうちの一台で、現在唯一の運用例である。 なお、「空飛ぶバナナ」として知られる初期の合理化されたバージョンの 1 つである 4 号機は、スウィンドン(Swindon)にあるスチーム-グレートウェスタン鉄道博物館

愛称"テディーベア"ディーゼル機関車(型式：D9516)

(STEAM – the Museum of the Great Western Railway)に静態保存として展示される。 確かに空飛ぶ
バナナに見え、人気があったのもうなずける。 "テディーベア"と"空飛ぶバナナ"は、ディーゼルの
日の主役だ。 旧機関庫の構内路線なので、短い距離の往復だが、乗り放題である。 機関庫内に
は SL 黄金時代に英国全土を駆け抜けた GWR の蒸気機関車やディーゼル機関車群が保存展示さ
れており、英国鉄道の歴史を学べる。

パールスクーム
Burlescombe 駅

PASSENGERS
MUST NOT
CROSS THE LINES

WARNING
NO THOROUGHFARE
TRESPASSERS ARE LIABLE
TO PROSECUTION
BY ORDER

ディドコット 停留所
Didcot Halt
愛称 "空飛ぶバナナ"
ディーゼル気動車(型式:22 · DIESEL RAILCAR)

鉄道センターの博物館内で、保存展示されている数多くの蒸機群の中で特に興味を抱いたのは
"ファイアフライ"、ブロードゲージ（広軌 軌間：2140 mm）のレプリカロコだ。 一番奥の車庫小屋でひ
と際目立っている。 この地になぜ機関区が存在していたのか、なぜ機関庫内にはブロードゲージ
の蒸機が復元保存されているのか、なぜ構内に広軌のレールが敷かれイベント時に運行されるの
か。 まさに不思議発見である。
　歴史をひも解いてみよう。 1840 年、GWR はロンドンとディドコット間に広軌の鉄道を開通し、翌
41 年にはバース、ブリストル方面への路線を拡大。 ゲージの特徴を生かし、数々のスピード記録

5051 · DRYSLLWYN CASTLE / EARL BATHURST
ドライスウィン城 / バサースト伯爵 1936 年製造

1 · ボニープリンスチャーリー 1949 年製造
(1 · BONNIE PRINCE CHARLIE)

1340 · トロイの木馬
(1340 · TROJAN)
1897 年製造

を打ち立てた。 44 年にはディドコットから分岐してオックスフォード方面への路線を建設する際、標準軌採用の他社への接続乗り入れができない問題があり、やむなく標準軌を採用することになった。 ロンドンからオックスフォードに行く場合は、分岐駅ディドコットで広軌から標準軌に乗り換える必要がある。 GWR もこの分岐駅で広軌と標準機の 2 種類の機関車を保有し、ディドコット駅は重要な乗り換えとして機関庫も整備されたのである。 後に乗り換えの不便さから、やむなく1892年に GWR は広軌から撤退するが、今では機関庫はディドコット・レイルウエイ・センターとして鉄道博物館となり、黄金時代にタイムスリップさせてくれる。 1932年に建設された歴史ある機関庫はSL時代に活躍した蒸気機関車群を大切に動態・静態保存し、ディドコット駅は今も分岐駅の機能を受け継いでいる。

アイアンデューグ
（IRON DUKE ）
1847 年製造
レプリカ

ファイアフライ
（FIRE FLY ）
1840 年製造
レプリカ

ファイアフライ
（FIRE FLY ）

バールスクーム
Burlescombe 駅

第6章

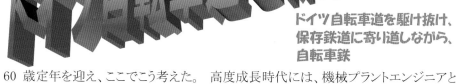
ドイツ自転車道と保存鉄道

ドイツ自転車道を駆け抜け、
保存鉄道に寄り道しながら、
自転車鉄

　60歳定年を迎え、ここでこう考えた。　高度成長時代には、機械プラントエンジニアとして前向きに努力してきたのでもういいか、自分にご苦労さんと言ってあげたいと。　また、先輩がくれた「今までの幾十年よりも今からの十年の方が大切である」という言葉もあり、思い切って路を変えてみようと。

　人生は一回しかないぞ！と、エンジニアリング技術分野から180度転換し、趣味だった自転車・鉄道・カメラという三つのベクトルを組み合わせると「旅」というジャンルが見えてきた。　そうだ、旅にでかけよう。　子供の頃の自分、原点に戻ってみようと。　そうすれば、新たな人生の目標が見つかるに違いないという予感がした。　南ドイツのロマンティック街道の自転車道を走った時のことだ。　遠くから汽笛と煙が！　このことが忘れられず、マイン川、ヴェーザー川、エルベ川、ドナウ川と、河川沿い自転車道を走りながら、蒸気機関車やディーゼル機関車がレトロな客車を牽引する保存鉄道を追いかける"自転車鉄"のきっかけとなった。　私の自転車旅スタイルは、サイクリングロードを走るだけではない。　ローカルでノスタルジックな保存鉄道を、蒸気機関車やディーゼル機関車がレトロな客車を牽引して走る姿を求め、街、町、田舎を旅することである。　本書では、ドイツで人気のメルヘン街道を流れるヴェーザー川自転車道とザクセン州のエルベ川自転車道を紹介したい。

　定年退職後に始めたドイツ保存鉄道と自転車旅では、行く先々で多くの人との出逢いがあり、交わした笑顔が忘れられず、今も旅は止まらない。　皆の笑顔は私の財産となり、70歳を越え、やっと「旅することは生きること」という人生の目標に巡り合えた。

(1)熟年男と自転車とロマンティック街道（第一ステップ）

　機械プラントエンジニアという仕事を長きにわたり務めてきた私は、現役時代出張でドイツを幾度か訪れた。　「仕事も旅も経験が大切、一度経験すれば次は必ずできる」とは私の口癖だが、自転車が趣味で、愛車のフォールディングバイク「ブロンプトン」を連れ、経験を生かして仕事の合間を縫ってはドイツを旅するようになる。　出張で訪れた町や自然の中をポタリングで巡ることが快感となり、仕事モードから旅モードに切り替えるのが、ささやかな楽しみだった。　思えばこの体験が、旅の魅力にはまる第一歩だったのかも知れない。　英語もドイツ語も不得意だったが、幾度かの海外出張経験が少しだけ勇気を授けてくれたことも、きっかけの一つだったのだろう。　そして60歳を迎え、現役を退くことになった時、そこからの10年の人生について改めて考えた。　思い切って路を変えてみよう・・・・・その路とは、サイクリング、ウォーキング、カメラ、鉄道など、趣味の世界に存分に浸ることであり、旅に出ることであった。「今しかない！」　再びドイツに渡り、ブロンプトンで輪行し、南ドイツでお気に入りの街アウクスブルクへ向かった。　この地域にはアウクスブルクを中心に　"ロマンティック街道"　と呼ばれる観光街道があると聞いてい

222

た。　世代のせいか、ロマンティックという言葉がやけに魅力的に響いた。　自転車で巡る旅はさらにロマンティックであるに違いない。　そう予感していた。

　私はすっかり、ロマンティック街道の自転車旅の虜になってしまった。　滞在中は毎日、自分で考えたプランに沿って違う方向、違う目的地に向かい、小旅行を繰り返した。その軌跡や発見したことを日々、記録しデータに記していった。　エンジニアの長年の習慣がそうさせたのか、物書きのような説得力のある文章は書けないが、代わりに写真や図解説明入りの詳細なデータベースを作っていった。　綴ったのは、魅力的なスポットやその経路だけではない。　利用した全ての宿泊施設の情報、利用した駅や店の情報、自転車で走った際に出くわした自転車標識の説明まで、この目で見たものすべてである。　また、恥を晒すようだが、旅先で起こったトラブル体験なども事細かく記した。　そして、あるときふと気がついた。「海外旅行の経験がない人でも、英語が不得意でも、この記録と自転車があれば、私と同じように誰もが旅を満喫できるのではないか」と。　私はこの記録を一冊の本にしようと決めた。　私が考えたこだわりの旅を、他の人と共有できれば幸いである(なお、本件は日本人に良く知られたロマンティック街道自転車道を走った第1弾「ロマンティック街道　旅」(星雲社)に紹介しているので見ていただきたい)。

エクスレ保存悦道
(Öchsle Schmalspurbahn)

アウクスブルク近郊
ジーベンティッシュヴァルトの森
ビヤガーデン

アウクスブルクを中心とした小旅行

　現役時代に幾度か訪れ定宿となっていたホテルが、ロマンティック街道で最古の街であり、街道の中心部でもあるアウクスブルクにある。　最初の旅は、このホテルをハブとし、日を分け東西南北にそれぞれ自転車で向かってはUターンを繰り返す小旅行であった。　そのルートを地図上でなぞると、まるで桜の花弁のような形になるため「桜の花ルート」と呼んでいる。

　このルートの魅力は、まずアウクスブルクの街自体がドイツルネッサンス様式の建築物や芸術作品で溢れていることにある。　東のルートに進めば、レヒ川沿いに広大な森と公園が展開する。　公園の中には、動物園や植物園もあり盛りだくさんである。　その中で特にお勧めなのが、森林浴サイクリングだ。　また、森の中にあるオープンテラスカフェで、ひなたぼっこしながらの一杯の珈琲は、癒しや安らぎを存分に与えてくれる。　南エリアには、古い田舎村が連なっている。　ここは日本人をはじめ、観光客があまり訪れることがない本当の田舎風を堪能しながら、ポタリングが楽しめる。　スイスとの国境近くにはヴタハタール鉄道、愛称は「豚のしっぽ鉄道」がある。　愛称のとおり、これでもかとループを繰り返す路線だ。　西のエリアに足を伸ばせば、世界一高い大聖堂があるウルムという街に辿り着く。　大聖堂の南には、色鮮やかな壁画が描かれた1370年に建てられたゴシック様式の市庁舎がある。　ここからさらに鉄道を30分ほど利用すれば、ヴァルトハウゼンという町で蒸気機関車に乗ることも可能だ。　そして北エリアに向かえば、現れるのはドナウヴェルトという街。　ライヒス通りの建物は、パステルカラーの外壁と煉瓦色の切り妻屋根などが美しい。　その先のネルトリンゲンには、城壁に囲まれた中世の街並みが残っている。　同じ場所から方向を変え、少し自転車で走るだけで、日ごとに全く違った魅力の情景が楽しめるのである。　私が発見した"桜の花ルート"は、自転車旅の魅力が満載である。

蒸気機関車を追い駆けて

　時には当初の目的から脱線することも、旅の魅力だ。　ロマンティック街道を自転車で走っていた時に見つけたランツベルクの観光案内所にパンフレットがった。　ある日、掲載されていた蒸気機関車が客車を引いている写真を目にした。　このエクスレ保存鉄道は、ウルム近郊のヴァルトハウゼンとオクセンハウゼンの間の19kmを結んだもので、春から秋にかけ土、日、祝日のみ運行されている。　これを見て、故郷の和歌山県で子供の頃、カメラ片手に自転車で鉄道を追いかけたことを思い出し、突発的に追いかけた。　聞けばドイツでは、他にも蒸気機関車が走っている鉄道があるという。　地図で確認してみると、ヴェルニゲローデからブロッケン山へ向かうハルツ狭軌鉄道がSL車両を観光や住民の生活の足として通年営業運転を行っているほか、全部で5路線を2日に分けて巡ることが可能だった。　私はサイクリングをしながら、全てを体験乗車。　それだけでなく、鉄道と並行している自転車道を走りながら撮影ポイントを探し、夢中で写真撮影を行った。まるでカメラを片手に蒸気機関車を追いかけていた子供の頃に戻ったような、ワクワク気分で1日を過ごせた。　また、メルヘン街道のヴェーザー川沿いを走った時に少し寄り道し、ブルッフハウゼン・フィルゼンではレトロな客車を牽引する蒸機の保存鉄道に乗車した。　車内でのコーヒータイムは、心地良いガタンゴトンの音色と共に忘れられないひと時であった。　急きょ当初の予定から脱線し、鉄道三昧の1日を過ごせたのは、もちろん自転車があったからに他ならない。　私が旅のパートナーにフォールディングバイクを選んだ理由は、「いつでも一緒にいることができるから」。　ホテルの部屋でも、レストランでも、列車の席でも、いつでも旅をともにできることで旅の魅力は格段に増す。

ウタハタール鉄道（Wutachtalbahn）
別名の愛称は「豚のしっぽ鉄道」

ブルッフハウゼン・フィルゼン
（Bruchhausen Vilsen）
SL 保存鉄道

その季節にしかない旅の魅力を知る

　同じ場所を何度も訪れたゆえに発見できたことがある。　それは、その季節にしかない旅の魅力があることだ。　前述のアウクスブルクを中心とする"桜の花ルート"の小旅行を、5月に行っていたときのこと。　アウクスブルクの南東に位置するバート・ヴェリスホーヘンの郊外に行くと、辺り一面がタンポポの花で埋め尽くされていた。　その黄色一面の広大で美しい情景には大感激だった。　私は予定外に近くのホテルで一泊してもう1日ここで過ごし、思う存分タンポポ畑を歩き、サイクリングを楽しんだ。

　また冬は冬で、違った魅力に遭遇できた。　初春のロマンティック街道を走りたいと心躍らせ一年半。　引退後3度目に向かったのが3月の初旬だった。　ところが、ドイツはこのとき季節外れの大雪が降り、降り立ったアウクスブルクの街はすっかり雪化粧。　それでも「せっかくの旅だから前向きに行こう」と、初の銀世界のサイクリングにチャレンジした。　そこで見たものは、今までと全く様相の異なるロマンティック街道だった。　広々とした雪原を走った時に見つけた、人気のない道に点在する動物の足跡。　満開に魅せられたタンポポ畑は黄色一面から一変し、白一面に変わっていた。　自転車では思うように走行できず押して歩いたり、予定のルートどおりに進めずUターンを余儀なくされたりするなど、自転車を押して歩きながら見た青空には格別の感動を味わえた。

人生は一度しかない

　旅も仕事と同じで、経験の積み重ねである。　一度経験すれば二度目は大手を振ってどこにでも行けるようになる。　このことを、身をもって知った。　サラリーマンであれば、忙しく働きなかなかまとまった休暇が取れないのは宿命だ。　私も経験上よく理解している。　しかし、人生は一度しかない。　仕事に夢中になり、ふと気がつけば定年間近・・・ということにもなりかねない。　休暇のために徹夜するなど、仕事の負荷を増やしても、旅はそれにも勝る明日への活力を生み出してくれるはずだ。

　ロマンティック・・・最近の若い人はあまり口にしなくなった言葉だが、いつの時代も、いくつになってもロマンティックを求めるのが男というものだ。　仕事がきっかけで訪れた南ドイツで、"ロマンティック街道"という名前に惹かれたことから始まった旅。　今度は全く別のルートで、ドイツを訪れようと考えている。　そこに求めているものも、名は冠されていなくとも、やはり"ロマンティック"に違いない。

南ドイツ
　カウフボイレン(Kaufbeuren)から郊外にあるイアゼー村へとタンポポ牧草地を走り、イアゼー修道院醸造所ホテルに宿泊、淡色ビールの味が忘れられない。

冬のロマンティック街道
フュッセン(Füssen)にある
ノイシュヴァンシュタイン城
は銀世界に浮かんでいる。

ロマンティック街道
　ドナウヴェルト(Donauwörth)の郊外、ネルトリン
ゲン(Nördlingen)に向かう途中、一面タンポポの
牧草地の中走り黄色の世界に迷い込む。

(2)熟年男とフォールディングバイクと蒸気機関車（第二ステップ）

熟年男の旅のパートナー

　今回の旅は、ドイツ蒸気機関車の追っかけが主な目的である。　鉄ちゃん、鉄子の仲間入りだ。　ちょっと違うのは、フォールディングバイク（私の彼女ブロンプトン）と一緒の旅ということだ。　ブロンプトンであれば、SL に乗車し車窓から撮影する"乗り鉄"も、自転車で路線沿いを走行しながら撮影する"撮り鉄"も、いずれも可能になる。　このスタイルはいわば「自転車鉄」といったところだろうか。　また路線沿いに走っては、パラソルの開いたオープンカフェでカプチーノタイムを繰り返す、時速 10 km 以下のスローポタリングも楽しめる。　つき合いはかれこれ 10 年以上になるが、彼女自身もずっと進化しつづけているからこそ楽しみは何倍にも膨らんでくる。

　現在の進化ポイントは、まず折りたたみ時の移動性が格段に向上するキャスター付き荷台だ。　英国キャラダイス社製のフロントバッグは、ワンタッチで取り付けと取り外しが可能で使い勝手が良く、自転車旅だけでなく普段の生活にも使える利便性がある。　また、ハンドルバーにリクセンカウル社のマップホルダーを装備したことで、立ち止まってルート確認できるなどロスタイムが激減した。　GPS 機能付きのサイクルコンピュータには走行中もお世話になるが、旅から帰れば GPS データをパソコンに送り、グーグルマップ上でツーリングルートの確認や移動速度などのパフォーマンスの確認もできる。　ファッション面でも、標準ハンドルを M 型ハンドルに交換することで目立つこと請け合いだ。目立つだけでなく、実用的な面でも握る位置を自由に変えられ手首が疲れないというメリットもある。　さらに最近、布製の薄い迷彩色のフレームカバーを着け、ちょっとお洒落なブロンプトンに変身させるなど、進化が止まらない。

蒸気機関車を求めザクセンへ

　今回の旅の目的は、ドイツ東のチェコと国境を接するザクセン州（州都はドレスデン）にある蒸気機関車ルートという街道を訪れることだ。　これはドイツ観光局のホームページで見つけた。　見つけた瞬間、これだ！ビビッと鳥肌が立ったのを鮮明に覚えている。ザクセン州には、旧東ドイツの時代から蒸気機関車を通年運行しているナローゲージ（軌道間隔 750 mm、ちなみに日本の JR は 1067 mm）があることは知っていたが、これらの鉄道を繋ぎ、蒸気機関車ルートを沿線の町々が連盟を組み、正式な観光街道として PR していることを初めて知った。

　通年運行されているレスニッツグルンド鉄道、ヴァイセリッタール鉄道がドレスデン近郊で頑張っている。　またチェコとの国境近くでも、ツィッタウ狭軌鉄道、フィヒテルベルク鉄道が 99 型 SL を大切に維持管理し、いつもピカピカに磨き上げている。　それだけで、たまらないスポットだ。　さらに通年運行ではないが、デルニッツ鉄道やシェーンハイデ保存鉄道では、鉄ちゃんたちが泣いて喜ぶだろうメイヤー式 SL が、特別のイベント日のみだが運転される。　またザクセン州は、SL だけの宝庫ではない。　私が最近興味を持っているレールバスも、保存鉄道として 4〜10 月頃まで土曜日や日曜日、特別イベント時に各地で季節運行されている。　おまけにトロッコディーゼルやレールトラバントという、レール上を走るあらゆる乗用車に体験乗車できるのである。　乗り鉄、撮り鉄の私にとって、まさに天国に一番近い場所といっても過言ではない。　今回は鉄道と自転車を組み合わせ、ザクセン州の州都ドレスデンをハブ基地に、あっちに行ったりこっちに戻ったりと、スケジュールをやりくりした。　蒸気機関車に乗り、写真を撮り、その合間にちょっと寄り道をしてエルベ川自転車道やローカル自転車道でポタリングする。　私にとって至福の旅以外の、何ものでもなかった。

レースニッツグルンド鉄道
(Lößnitzgrundbahn)
ヴァイセス・ロス駅
(Weißes Roß)

デルニッツ鉄道
(Döllnitzbahn)
ミューゲルン駅

デルニッツ鉄道
ミューゲルン駅
春の SL フェスティバル

レースニッツグルンド鉄道
ラーデボイル・オスト駅の車庫

ポタリングの途中で屋外鉄道ジオラマ、庭園鉄道を発見

　ドレスデンに向かいエルベ川自転車道を快速走行中、岩場が連なるエルベ渓谷で知られるこぢんまりした観光地クアオルト・ラーテン(Kurort Rathen)に入ると、鉄道の世界「Eisenbahnwelten」の看板が。　これを見て、思わず急ブレーキ！「こんなところに鉄道博物館があったのか」と、しばらく観察すると、なんとここは屋外鉄道ジオラマと、レストラン、カフェ、ホテルが併設されているガーデンパークだった。　迷わず中に入ると、そこは広大な庭園ジオラマがある。　7000 ㎡の敷地にはレスニッツグルンド鉄道のラーデボイルオストの駅やモーリッツブルク周辺の町、ヴァイセリッタール鉄道のフライタールハインスベルグ駅もあるではないか！ジオラマで完全再現されているのである。　今回の旅で乗車したナローゲージの SL 路線だけに、感激もひとしおだった。

　パラソルが開いた屋外オープンテラス席に座り、じっくり観察を開始。　よく見れば ICE や蒸気機関車、プッシュプル電気機関車、ディーゼル機関車などの牽引する客車や貨物列車、キルニッシュタールタール鉄道のトラムまである。　しばし見とれ、ジオラマを撮りまくった。　なお本書ではエルベ川自転車道のポタリング、バート・シャンダウ(Bad Schandau)～ピルナ(Pirna)を紹介しているので見ていただきたい。

平均時速 5 km、超・スローポタリングのすすめ

　バート・シャンダウからドレスデン、マイセンを通り、リーザまでのエルベ川自転車地図にならいブロンプトンで走る。　もう一つ手にしているのは、ザクセンスイス国立公園のハイキング地図だ。　ウォーキングにも挑戦したいという気持ちがあった。　しかし、自転車道と並行するチェコとの幹線路線の踏切で、予定外の撮影したため、もう時間がない。　急ごう、今日の目的地をその次の町ピルナにした。　シュタットヴェーレン駅の裏手を走っていると、日本で言う貸農園があり、エルベ川沿いの対岸に美しい赤いとんがり屋根の家々が見え、穏やかな河面に映る。　そこからしばらくスピードを上げ黙々と走っていると、ピルナの入口を示す黄色い看板標識が見えてきた。　この日の走行距離は 20 km。　笑われそうだが、平均時速 5 kmの超スローポタリングだ。　しかし、これがなかなか楽しい。　ピルナの入口にはエルベ川と自転車道、鉄道高架橋に挟まれた場所に、パラソルが開いた歴史あるガストホーフ・ビヤガーデン"Pirnaer Elbschlosschen"がある。　ここでカプチーノを飲みながら鉄道や船の撮影ができる。　また、そのまま進むと、自転車は鉄道の立派な石造り高架橋と並行して走ることになる。　エルベ川が豪雨で氾濫した時、路線を守るために高架橋にしたようだ。　それにしても、石造りが延々と続く。　今日のポタリング終着点であるピルナ駅はもう少し先だ。　ピルナは、ドレスデンから散歩気分で気軽に行ける小さな町で、市庁舎、マルクト広場、博物館などが観光スポットである。　さあ、ピルナ発の S バーンに乗車し、ドレスデン中央駅に向かおう。　自転車マークの車両があるので、彼女(ブロンプトン)をそのまま乗せられる。　実に楽な旅である。　今回の旅では、私とブロンプトンをサポートしてくれたパートナーはルミックス FZ200(今使用しているのは後継機種 FZ300)、25～600 mmのズームレンズを装着したミラーレス一眼レフである。　レンズは F2.8 のライカ製だ。600 mmの望遠は、今まで経験したことがない未知の世界を見せてくれる。　レンズが F2.8 と明るいので、シャッタースピードを早く選択でき、手振れ補正付きのレンズのおかげもあり、私の腕でも手振れしない。　例えば、こんなことがあった。　エルベ川に沿った自転車道のポタリングをしている時、並行に走る石造りの高架橋をSバーンが 4 両編成の客車を押しながらドレスデン方面に速いスピードで駆け抜けていった。　通常なら完全に手振れのタイミングだ。　だが手早く電動ズームを 600 mmいっぱいにセットし、無事ファインダーに収めることができた(なお、ザクセン州の蒸機や保存鉄道は、第 2 弾ドイツザクセン州「蒸気機関車旅」(星雲社)に紹介しているので見ていただきたい)。

エルベ渓谷 <ruby>Kurort Rathen<rt>クアオルト ラーテン</rt></ruby> の庭園鉄道ジオラマ

　バート・シャンダウ駅から渡し舟で対岸に渡ると温泉保養地バート・シャンダウの街、旧市街の外れにキルニッシュ渓谷鉄道(Kirnitzschtalbahn)の乗り場がある。　ザクセンスイス国立公園に観光客を運ぶレトロなトラムは、白と黄色のツートンカラーでお洒落。

キルニッシュ渓谷鉄道(Kirnitzschtalbahn)

1、ドイツ・メルヘン街道
（Deutsche Märchenstraße）

ヴェーザー川自転車道（Weser Radweg）

ヴェーザー川自転車道（Weser Radweg）を走り、
保存鉄道（Museumseisenbahnen）を訪れる旅

Kassel（カッセル）中央駅から市内のトラム
が DB 路線に乗り入れ（約 40 分）

Hann.Münden（ハン ミュンデン）
木組みの家々が軒を
連ね、「鉄ひげ博士」
が活躍した街並みは
中世の時代にタイムス
リップ

Bad Karlshafen（バート カールスハーフェン）
街並みはドイツらしくなく、
建物は珍しく白に統一さ
れているバロック様式

自転車旅の地図は必需品

Höxter（ヘクスター） 町並は中世の
木組み建築が多く保存さ
れ、聖キリアーニ教会はハ
ンザ都市として象徴的建
造物、ヴェーザールネサ
ンス様式で建設された市
庁舎内に観光案内所

鉄ひげ博士

ダイゼルトンネル
（Deiseler Tunnel）

Hofgeismar（ホーフガイスマー）　**Hümme**（ヒュンメ） 駅
旧カールス鉄道の
廃線跡 約 16.4 km
寄り道

フルダ川

Frankfurt（フランクフルト） から
Kassel（カッセル） 乗り換え
所要時間
約 2〜2 時間 30 分

ヴェラ川

ヴェーザー川

Göttingen（ゲッティンゲン）7

ハン・ミュンデン駅
（Hann. Münden）

出発

Bad Karlshafen

Beverungen

Höxter

Holzminden

ヴェーザー川自転車道（Weser Radweg）

木組みの家　朝食　　　郵便配達娘　　　出会った彼との旅話は宝物

今回はHann.Münden～Hameln、次回はHameln～Bremen

ハンミュンデン　ハーメルン　ハーメルン　ブレーメン

ドイツのメルヘン（昔話）を集めたグリム童話。　グリム兄弟の生誕地「ハーナウ(Hanau)」から童話で舞台となったロバ、犬、猫、鶏達の音楽隊で有名な街「ブレーメン(Bremen)」まで、約600kmに及ぶメルヘン街道がある。　その街道沿いには古き良き時代のノスタルジックな保存鉄道路線として、蒸気機関車やレールバスが運行していることを知った。

童話の中で、鉄ひげ博士で良く知られるハン・ミュンデン(Hann. Münden)をスタートし、音楽隊が目指したブレーメン(Bremen)までの自転車道約381.5km。　ドイツで一番人気のヴェーザー川Weser)自転車道を相棒ブロンプトンと駆け抜ける途中、河川沿いの田舎町では遠くからSLの汽笛が聞こえ煙も見える。　メルヘンの香り、風と煙の匂いは私に早くおいでよと誘惑する。　ペダルも軽やかに悠々と流れるヴェーザー川と共に快走する。　旅での人との出会いと笑顔は宝物だ。

Bodenwerder
ボーデンウェルダー

「ホラ吹き男爵」の故郷はヴェーザー河畔の小さな癒される町、男爵の生家は市庁舎となり、前には胴体半分しかない馬の噴水が見物

Minden
ミンデン

ミンデン保存鉄道がヴェーザー川橋梁を渡り、ミッテルラント運河がヴェーザー川と立体交差するのが見所

Bremen
ブレーメン

「ブレーメンの音楽隊」が目指した街はメルヘン街道の終着点、ロバと犬と猫と鶏は音楽士になろうとした街は活気があり、彼らの気持ちが良く分かる。　ブレーメン中央駅からモーア・エキスプレス、赤いレールバスの保存鉄道が、ハンブルク近郊のシュターデまで運行

ヴェーザー川

笛吹き男

Rinteln
リンテルン

木組み建築の旧市街、マルクト広場には聖ニコライ教会の塔と市庁舎

Hameln
ハーメルン

「ハーメルンの笛吹き男」は町の子供達を連れ去ったのだ

Peters -hagen

ミンデンSL保存鉄道

ミッテルラント運河

保存SL

保存

ディーゼル

ホーヤ
Hoya

フェルデン急行鉄道

赤いレールバス

DB S

ブレーメン中央駅
(Bremen Hbf)

Nienburg
ニーンブルク

自転車、徒歩、カヌーなどの自然リクレーションを目的とした施設に宿泊

Verden
フェルデン

アラー川に沿って軽便鉄道

到着

ハン・ミュンデンからブレーメンまで約381.5km
（この先はクックスハーフェン(Cuxhaven)まで自転車道は続く　全長520.5km）

音楽隊

ブレーメンのトラムは走る

宿の主人と出逢い（奥様撮影）

犬の散歩は自転車で

彼と立ち話

ドイツ・メルヘン街道(Deutsche Märchenstraße)

やっと、「旅することは生きること」

ヴェーザー川　自転車道
Weser Radweg　人生の目標に巡り合った旅

ハン・ミュンデン市庁舎(Rathaus)

ハン・ミュンデンの旧市街

234

メルヘン街道にあり、ドイツで一番人気の一つでもあるサイクリングロード「ヴェーザー川自転車道」の河畔沿いに点在する町はどこも中世の歴史が感じられる。 自転車旅の出発点は、鉄ひげ博士が活躍した木組みの家々が美しいハン・ミュンデン(Hann. Münden)とした。 印象に残った走行ルートのつまみ食いをしてみよう。 バート・カールスハーフェンでは、ちょっと寄り道して旧カールス鉄道廃線跡のサイクリングロード 16.4 kmも走行した。 木組みの街並みが美しいヘクスター、ボーデンヴェルダーを通り、ハーメルンの笛吹き男で良く知られたハーメルンの市街に入る。田舎道を走ってきたが、別世界に紛れ込んだようだ。 ミンデンでは東へ西へとミンデン蒸機保存鉄道に乗車。 愛車ブロンプトンでも路線沿いを走り蒸機と競争だ。 ミンデンではヴェーザー川とミッテルラント運河が交差するドイツでも珍しい水路ジャンクションがある。 ヴェーザー川を跨ぐ石造りのアーチ橋の規模が見ものである。 ペータースハーゲンでは風車街道にも寄り道し、緑豊かな田舎道を経験。 何と牧草地で餌を探すコウノトリに遭遇する。 近くの鉄塔の上に巣を発見。 地元住民に大切に保護されているようだ。 フェルデンでは馬農家に宿泊し、馬との触れ合いに癒された。 最終目的地、ブレーメンの音楽隊が目指した街ブレーメン(Bremen)までの約 381.5 kmを走破した。 ヴェーザー川沿いを走るこのルートには、自転車旅行の客が特に利用しやすい宿を提供するドイツ自転車連盟(ADFC)の推奨する「Bett&Bike」の宿が多くあり、飛び込みで宿泊するのも楽しみだ。

ハン・ミュンデン駅(Hann.Münden Bahnhof)には、フランクフルト中央駅(Frankfurt Hbf)からドイツ鉄道(IC,ICE)に乗車し、途中カッセル(Kassel)で普通に乗り換え所要時間は約 2 時間 30 分。

注射器を持つ
鉄ひげ博士

聖ブラジウス教会(St.Blasius-Kirche)

ハン・ミュンデンは中世時代、ヴェラ、フルダ、ヴェーザー川の交易により発展した商業都市であった。　町はヴェラ川(Werra)とフルダ川(Fulda)が合流し、ヴェーザー川(Weser)となる三角州にあり、今ではヨーロッパ指折りの木組みの家並みが残る町で、旧市街を歩けばメルヘンの世界に入り込む。　きらびやかに飾られた 700 以上の木組みの家、塔、石造りの橋、城壁は 600 年前の中世にタイムスリップする。　駅からバーンホーフ通り(Bahnhof straße)、ローゼン通り(Rosen straße)を歩くと、旧市街だ。　突き当たりのランゲ通り(Lange Str.)を右へ歩くと、聖ブラジウス教会、お目当てのヴェーザールネサンス様式の市庁舎があり、内部の観光案内所 🅸 で宿を予約してもらうつもりだったがなぜか 2:00p.m.にクローズ。　仕方なく入口に置いてあったパンフレットで探し、歴史ある木組みの家"Hotel Im Anker"を選択するが、満室かもしれない。　行くとカウンターにお嬢さん(小学生のよう)が留守番中。　困ったと思いつつ今日のシングルルームがあるか聞くと、あるらしい。　部屋に案内してくれた。　旧市街の散歩と買い物に町へ出掛け、チョコレートを買いプレゼントする。　お母さんが帰ってきてお礼があり、可愛い子ですねと言うとはちきれんばかりの笑顔が返ってきた。　こんな出会いがあるから旅は良い、旅は止まらない。

バロック時代に活躍した「鉄ひげ博士」は、やぶ医者の代名詞のように言われるが、実際は誠実で新しい治療法を考えた意欲的な人だったそうだ。　ランゲ通りの鉄ひげ博士の家は薬局となり、正面壁に大きな注射器を持った博士の像があり、微笑ましくも恐ろしい。　ヴェーザー川自転車道の出発点となるヴェラ川(Werra)に架かる石造りの橋(Alte Werrabrücke/Statue Dr. Eisenbart)は宿の直ぐ近くなので、その意味でお勧めの宿だ。` 宿の前のヴェラ川(Werra)には、流れの高低差のため船が行き来する閘門があり、フルダ川(Fulda)の中州には観光船(Rehbein Linie Kassel 社)の乗り場もある。　時間があれば乗船したい。　雨降り時には次の目的地バート・カールスハーヘンに向かう観光船もあるので、のんびりとコーヒーを飲みながら楽しむのも良い。

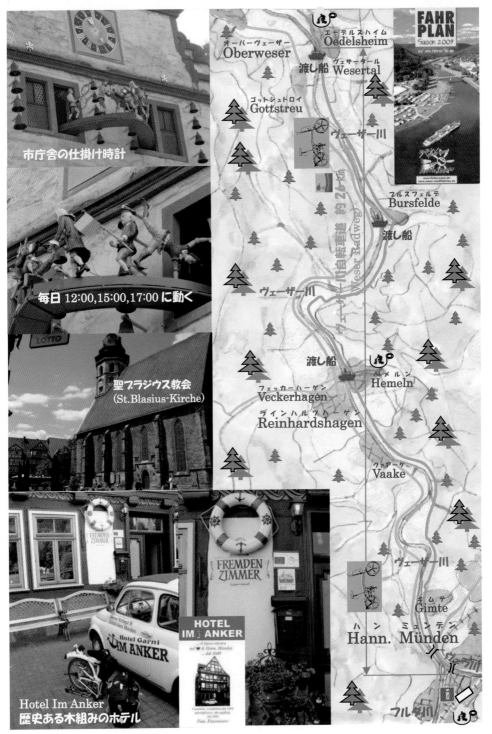

市庁舎の仕掛け時計

毎日 12:00,15:00,17:00 に動く

聖ブラジウス教会
(St.Blasius-Kirche)

Hotel Im Anker
歴史ある木組みのホテル

FAHR PLAN
Saison 2009

オーバーヴェーザー
Oberweser

エーデルスハイム
Oedelsheim

渡し船 Wesertal
ヴェーザータール

ゴットシュトロイ
Gottstreu

ヴェーザー川

ブルスフェルデ
Bursfelde

渡し船

ヴェーザー川

渡し船

ハーメルン
Hemeln

フェッカーハーゲン
Veckerhagen

ラインハルツハーゲン
Reinhardshagen

ヴァアーケ
Vaake

ヴェーザー川

ギムテ
Gimte

ハン ミュンデン
Hann. Münden

フルダ川

237

バート・カールスハーフェン行きの観光船乗り場へ行こう、楽だよというお誘いに負けそうになったが、ヴェーザー川自転車道を走ろうと体に鞭を打って走り出す熟年男である。　ギムテ(Gimte)村を通過するが、バス停に日本のコンビニを小さくした可愛い雑貨屋のキオスク(Kiosk)があり、店前のオープンテラス席で休憩したい気持ちに駆られる。　河畔沿いを緑の香る風を受けながら快走するが、林檎やさくらんぼの実が赤く色づき私を誘惑する。　ヘメルン(Hemeln)村に入ると、対岸のフェッカーハーゲン(Veckerhagen)への渡し船がある。　サイクリストの休憩場所となっていて、しばし渡し船に見惚れる。　というのは両岸にロープを張り、滑車とロープで繋がれた渡し船は、川の流れを利用して舵で向きを操船して移動するからだ。　不思議発見、まさに今流行のエコなのだ。

ハン　ミュンデン
Hann.Münden観光船乗り場

238

← Bad Karlshafen
🚲 Fähre Hemeln

Gimte村のKiosk雑貨店

Hemeln村から対岸のVeckerhagenに渡るエコフェリー〈渡し船〉 観光船が通過

Hemeln村"Zur Fähre"

"Zur Fähre"玄関掲示板

渡し船"Fähre Veckerhagen-Hemeln"を
見下ろせるビヤガーデン"Zur Fähre"

ヘメルン村の渡し船が見えるビヤガーデン。 居心地が良かったので長居してしまった。 ブルス
フェルデ(Bursfelde)村で急ブレーキ。 優しそうな白馬がここはブルスフェルデ修道院(Bursfelde
Abbey)、お入りくださいと誘ってくれる。 馬は言葉が通じなくても眼で会話ができるのだ。 その近く
には 19 世紀に水車小屋があったホテル"Zur
Klostermühle"がある。 煉瓦造りの製粉所だっ
たようで泊まりたくなる。 ほどなく進むと、エー
デルスハイム(Oedelsheim)に入る。 またまた渡
し船とヴェーザー川が一望できるドイツ料理レ
ストラン"Fährhaus Oedelsheim"が現れた。 オー
プンテラス席があり、ヴェーザー川の香りを直
に感じながら食事ができる。 早速トマトスープ
とウインナをほおばったが、トマトスープの味は
忘れられない。 ここも居心地が良いのでなか
なか先に進めない、困ったものだ。

林檎の誘惑
ヴェーザー川自転車道

フェーアハウス エーデルスハイム
Fährhaus Oedelsheim ヴェーザー川が一望
テラス席のあるカフェ・レストラン

形は悪いが味は抜群

240

WESER RADWEG
Die schönste Reise entlang der Weser

Oedelsheim
Gemeinde Oberweser
Landkreis Kassel

Radfahrer-Info

エーデルスハイム
Oedelsheim はヴェーザー川沿いの小さな村

Fähre
Oedelsheim

Weserfähre ヴェーザーフェリー・エーデルスハイム

Zur Klostermühle

Bursfelde
Stadt Hann. Münden
Landkreis Göttingen

ブルスフェルデ 修道院
Bursfelde Abbey

241

ドイツの天気は晴れたり曇ったりと気まぐれ屋さんだ。　小降りとなり雲行きが悪くなったので、渡し船と右岸ルートを走るヴェーザー川自転車道の公式ルートでなく、左岸の国道沿いの自転車道を選択、フルスピードでバート・カールスハーフェンの観光案内所に駆け込み宿探しをした。

　再度訪れた時は、ヴァムベックに渡る公式渡し船(Weserfähre Wahmbeck)でなく、手前にあるリッポルツベルクへの渡し船(Weserfähre Lippoldsberg)に乗船した。　というのは船着き場に写真を撮りに行くと、愛想の良い主人が乗船するのだと勘違いし、手招きするので乗船(サイクリストは 1.2€)させてもらった。　船の手摺に黄色の花が咲くプラントボックス、操船小屋には女性の壁画が描かれ、彼の奥さんも手伝っているのかもしれない。　対岸に渡るとステッカーだらけの旧シトロエンが目に飛び込んできた。　どうやらそばのホテル(Landhotel Zum Anker)の看板のようだが、不思議発見である。　ボーデンフェルデ(Bodenfelde)の船着き場(Bodenfelder Hafen)で休憩する。　DB のボーデンフェルデ駅がある小さな田舎町である。　ヴァムベック(Wahmbeck)村を通り、DB 路線とヴェーザー川に沿って森の中へと入るが、標識が整備されているのが心強い。　バート・カールスハーフェンの町に入るには、ヴェーザー川に架かる橋を渡るのだが、その手前にある DB バート・カールスハーフェン駅に寄り道しよう。　前回泊まった宿を予約しているので、宿探しはなく余裕がある。

ホテル
(Landhotel Zum Anker)

リッポルツベルクへの渡し船
（Weserfähre Lippoldsberg ）

WESER RADWEG

Hann. Münden
Bodenfelde

Bad Karlshafen

Wahmbeck

ボーデンフェルデ
船着き場

ボーデンフェルデ
ヴェーザー川自転車道

森の中は自転車道

FÄHRE
LIPPOLDSBERG

Märchenfähre
Lippoldsberg

7
auf einen
Streich

バート・カールスハーヘンは、建物や街並みは白に統一されている。ドイツは落ち着いた地味な灰色が良く似合うが、ここは白い華やかさが漂う。 いったいなぜだろう。 不思議である。 1730 年に塩水泉が見つかり、温泉保養地として栄えた頃、バロック様式の白い建物が建設されたという。300 年以上の前の歴史が今も受け継がれているのだろう。 今日の宿は二度目となるヴェーザー川沿いでお勧めの"Zum Weserdampfschiff"だ。 お気に入りの屋根裏部屋（3 階）からはヴェーザー川、遊歩道、ホテル自慢のオープンテラス席が見える。 そのテラス席でカフェタイムとしよう。

ヴェーザー通り
Weserstraße はお洒落な店が多い

ヴェーザー川観光船から
子供たちが手を振ってくれた
こちらも撮影しながら
手を振る！

ホテル・レストラン
Zum Weserdampfschiff

ホテル・レストラン Zum Weserdampfschiff　部屋の窓からヴェーザー川

Hotel & Restaurant

Zum Weserdampfschiff
★★★

Ihr Landhotel
direkt am Ufer der Weser

Seit 1835 im Familienbesitz

ベーヴェルンゲン
Beverungen

パーダーボルンへ
Paderborn へ

Lauenforde
DB

バート・カールス
ハーフェン駅

Würgassen

ヴェーザー川

渡し船

Herstelle

バート・カールスハーフェン
Bad Karlshafen

Helmarshausen

ボーデンフェルデ
Bodenfelde

ヴァムベック
Wahmbeck

ゲッティンゲンへ
Göttingen へ

渡し船

リッポルツベルク
Lippoldsberg

ヴェーザー川

ティーメル自転車道
カールス鉄道
(Carlsbahn)
16.5 kmの廃線跡

ヴェーザー川自転車道 約28km
(Weser Radweg)

ギーゼルヴェルダー
Gieselwerder

エーデルスハイム
Oedelsheim

ホーフガイスマー・
ヒュンメ駅へ DB

オーバーヴェーザー
Oberweser

渡し船

町中散歩とセットで、ちょっとマニアックなカールス鉄道(Carlsbahn)16.5 kmの廃線跡を探訪して見よう。 1840 年代に蒸気機関車が走り、ここバート・カールスハーフェンの港から物資を荷揚げし、カッセルまで運んでいた鉄道があった。 今はディーメル自転車道(Diemelradweg)となり、ディーメル川に沿ってカッセルからの接続駅ホーフガイスマー・ヒュンメまで整備され、途中にはダイゼルトンネル(Deiseler Tunnel)の遺構がある。 ヘッセン最古の鉄道トンネル(長さ:202m)で、自転車と歩行者は 4〜10 月の間は通行可だそうだ。 自転車道は緑濃い林の中を走り、ホルツァペ川を渡る 3 連石造りアーチ橋も残されている。 旧バート・カールスハーフェン駅跡は、マリー・デュラン学校(Marie-Durand-Schule)の校地に転用され、玄関横には DB の赤いレールバス(VT2.09 型)が静態展示されている。 往時はカール通り(Carlstr.)に貨物線がヴェーザー川の埠頭まで敷かれ、荷揚げされていたのだろう。

バート・カールスハーフェン駅　　　　街中には賑やかな案内看板が多い

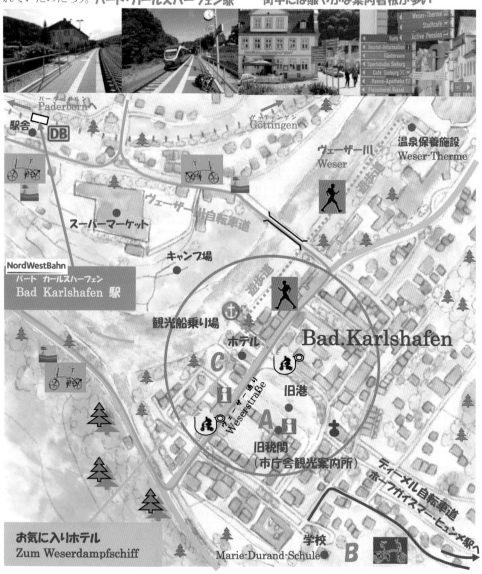

246

ディーメル川に沿っ
て走る自転車道

ダイゼルトンネル
(Deiseler Tunnel)

カッセルからの
ホーフガイスマー・ヒュンメ駅

ヴェーザー川沿いのバート・カールスハーフェン
左岸遊歩道の先は観光船乗り場、右岸はキャンプ場

水位監視塔
Pegel
Bad Karlshafen

レールバス
屋外保存

旧税関
（市庁舎、観光案内所）

洪水時の水位レベル

観光船乗り場

ヴェーザー川沿いのプロムナード

Bad Karlshafenを出発し、Höxterへ　約23.5 km

バート・カールスハーフェンを出発し、フュルステンベルク(Fürstenberg)城に行くにはヴェーザー川自転車道から外れて渡し舟で右岸に渡ることになる。　渡し乗場の傍には軽食ができる"Paulis kleine Mahlzeit"があり、ヴェーザー川一望のオープンテラス席は休憩にもってこいだ。　城のパンフレットには「陶磁器マニファクチュア・フュルステンベルクは、1747 年に設立されたヨーロッパで最も古く、名高い陶磁器製造業者の一つで、ヴェーザー地方の山地に位置している。　高台にあるルネッサンス様式の城はきれいに修復され、北ドイツ唯一の陶磁器博物館として、フュルステンベルク

フュルステンベルク城からの眺め

"Paulis kleine Mahlzeit"
オープンテラス席は居心地が良い

の頭文字"F"で知られる。 陶磁器の歴史、陶磁器にまつわる文化史の特別展も行われている。」と紹介されている。 ヴェーザー川右岸のローカル自転車道を走り、ヘクスター(Höxter)街へ、聖キリアーニ教会(Kilianikirche)の塔が見えてきた。

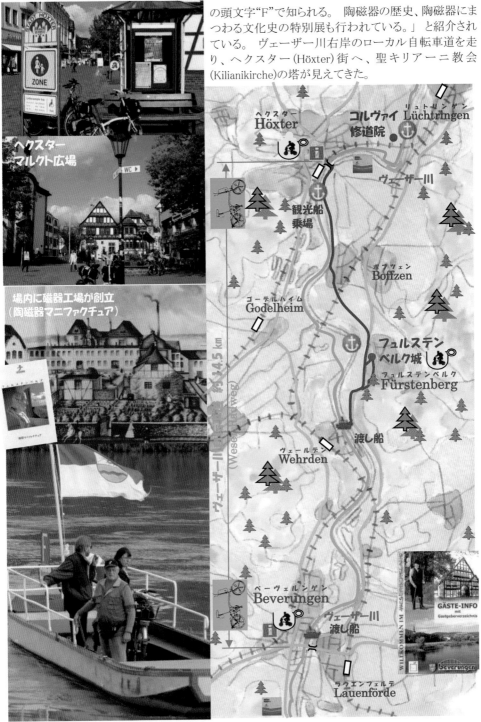

ヘクスター
マルクト広場

場内に磁器工場が創立
（陶磁器マニファクチュア）

ヘクスター
Höxter

リュトリンゲン
Lüchtringen

コルヴァイ
修道院

ヴェーザー川

観光船
乗場

ボフツェン
Boffzen

ゴーデルハイム
Godelheim

フュルステン
ベルク城

フュルステンベルク
Fürstenberg

渡し船

ヴェールデ
Wehrden

ヴェーザー川 (Weser Radweg) 約14.5 km

ベーヴェルンゲン
Beverungen

ヴェーザー川
渡し船

GÄSTE-INFO
mit
Gastgeberverzeichnis

WILLKOMMEN IM

Beverungen

ラウエンフェルデ
Lauenförde

マルクト広場は歩行者天国で、週末には露店が出て賑やかだ。　歩行者に交じって自転車は皆押し歩きをし、規則は守っているのはドイツらしさ。　ドイツ版サンドイッチは、丸いパンにチーズ、ハム、野菜やキュウリ、トマトをたっぷり挟み、こぼれそうになっているのが特徴だ。　大きく口を開き、なりふり構わずかぶりつくのが正式な食べ方である。　ケーキはどれを選んでもふんわりして甘さも柔らか、スイーツ文化の歴史を感じさせてくれる味が受け継がれている。　田舎町では必ずアップルトルテをいただく。　ドイツでは、焼きソーセージをパンで挟んだだけのブラートヴルスト(Bratwust)を抜きには語れない。　ドイツのあちこちの街角で見かける屋台小屋“インビス”(Imbiss)や、軽食スタンドで味わえ、ここではお母さんが手慣れた手つきで丁寧に焼いている。　おっと、忘れてはいけないのがアイスクリームだ。　アイスカフェという専門店がカウンター越しに丸いボールアイスの種類を選び、個数も一つ、二つ、三つかそれ以上も、コーンまたはカップか聞いてくる。もちろんコーンで積み重ねてもらうが、意外とくっついて落ちない。　正式な食べ方は片手に持ち、街歩きしながらほおばる。　日本にはない昔からの習慣なのだが、それも良い。

ステーキレストラン
Neromilos

治安判事裁判所
Amtsgericht

カトリック教会
St. Nikolai

ヒンデンブルク
壁公園

マルクト広場
Marktplatz

グルーベ通り
Grubestraße

市庁舎
観光案内所

ヘクスター
Höxter

聖キリアーニ教会
Kilianikirche

マルクト通り
Marktstraße

マルクト広場

ホルツミンデン
Holzminden

ヴェスターバッハ
Westerbachstraße

ヴェーザー通り
Weserstraße

地ビールレストラン
Paulaner Wirtshaus
im Landsknecht

ヴェーザー川
Weser

タウンハウス
Haus Horstkotte

ローカル
自転車道

ファーストフード店
"R1, Inh. Rajinder Kumar"

駅舎

パーダーボルン
Paderborn

観光船乗り場

Hotel Stadt Höxter

NordWestBahn

DB

ヘクスター ラートハウス
Höxter Rathaus駅

マルクト広場

original
italienisches
Eis

Kaffee
to Go...
1,50€

251

ヴェーザー川の観光船"Flotte Weser"に乗りたい衝動に駆られ、ヘクスター(Höxtr)の浮桟橋から近郊にあるユネスコ世界遺産のコルヴァイ城と修道院のあるコルヴァイ(Corvey)船着き場まで、近くても自転車の輪行でなく、そのまま持ち込むという乗船体験をした。 往は船、復はヴェーザー川自転車道をたったの約 2.4 kmだが、ヘクスターに戻る周遊贅沢プランを考えた。 船乗り場は、小さな可愛いファースト フード店"R1, Inh. Rajinder Kumar"の前。 数人が乗船するが、自転車族は私を含めて熟年男二人である。 絶好の日和で、デッキに吊るされた各国の国旗が心地良いヴェーザーの風にはためき、夜間に点灯する電球も装備されている。 観光船はバート・カールスハーフェンとコルヴァイ間の約72kmを、約2時間40分(平均航速27km/h)で結ぶ。 一日一往復なので、貴重な船体験だ。 12:45 ヘクスター出航し、13:10コルヴァイ着と、乗船時間は約25分と短く、船賃は6€である。 船内は団体客が多く、景色を見ながら贅沢な時間が流れる。 赤錆びた鉄道橋をすれすれに通過すると、間もなく終着のコルヴァイである。 自転車は屋根付きのデッキにヘクスターから乗船した 2 台だけ。 よく考えれば、自転車族はヴェーザー川を走りに来たのであって、船には乗らない。 笑ってしまった。 皆さん不思議がっていたのかもしれない。

船乗り場は小さな可愛いファースト フード店"R1, Inh. Rajinder Kumar"の前

ヘクスター (Höxtr) の浮桟橋　観光船がやってきたぞ！

船内はお上品

ヘクスターを出航　前方に聖キリアーニ教会の塔がそびえる

コルヴァイ修道院(Kloster Corvey)は、ヘクスター市近郊の東部、ヴェーザー川西岸河畔のコルヴァイにあり、フランク王国のカロリング朝時代の 822 年から 855 年にかけて建設された。 聖堂の西側の塔を伴う建物は、ヴェストヴェルク(西の構造物、西構え)と呼ばれ、その後の教会建築に大きな影響を与えている。 旧修道院は 17 世紀の三十年戦争で大部分が破壊されたが、ヴェストヴェルは そのままの状態で保存されている。 跡地にはバロック様式の教会や修道院の建物が建てられ、今は博物館となっている。 2014 年にはユネスコ世界文化遺産に指定された。 観光船は鉄道橋を潜ると、コルヴァイ浮桟橋に到着する。 団体客はツアーバスへ。 修道院に行くには、路線沿いの木々の茂った緑いっぱいの道を途中で右折し、徒歩約 10 分で修道院玄関に着く。

コルヴァイ観光船乗り場

コルヴァイ修道院
(Kloster Corvey)

Höxter, Bahnhof / Rathaus から約10分
バス停 (路線№.HX5)

入口門

博物館 玄関

ヴェーザー川 Weser

観光船乗り場

案内標識

Café Stellwerk Corvey

Höxter Rathaus へ

Holzminden へ

Beverungen 17 4 6
Höxter 3,1

CORVEY
Museum
Kirche
Restaurant
Hotel, Kanuverleih
Weinhaus

Museum, Kirche
Restaurant
Hotel, Kanuverleih
Weinhaus
CORVEY

Weser Aktivhotel
Ü/F ab 23,50 €

鉄道橋

<ruby>Höxter<rt>ヘクスター</rt></ruby>を出発し、<ruby>Holzminden<rt>ホルツミンデン</rt></ruby> 経由 <ruby>Polle<rt>ポレ</rt></ruby>へ 約25.5km

　昨日走ったヴェーザー川の左岸をコルヴァイに向け、ヘクスターを出発。　この先 13 kmにある隣のホルツミンデン(Holzminden)は、いったいどんな町だろうか・・・。　旅はこれだから止まらない。コルヴァイ修道院への分岐点を過ぎると、対岸にはドイツらしい田舎町リュヒトリンゲン(Lüchtringen)のカトリック教会(St. Johannes Baptist)の塔が見えてきた。　景色のいい場所にはベンチがあるのが嬉しい。　進むと、ヴェーザー川に架かる橋の橋脚コンクリート面には可愛い落書きがある。　これも芸術なのだろうか。　ヴェーザー川に架かる橋はホルツミンデンの玄関口。　見下ろすとオープンデッキ席のあるカフェ・バー(Hafenbar-Holzminden-Neu! - Inh.Ranko R.)がある。　街中のオーベレ通

オープンデッキのあるカフェ・バー
Hafenbar-Holzminden-Neu! - Inh.Ranko R.

ホルツミンデン(Holzminden)
ヴェーザー川畔

り(Obere Str.)は歩行者天国で、たまたまバザーが開催され、市民が家庭で不要となった子供の衣服類を道端に所狭しと店開きしている。 子供連れのお母さんは、このバザーを楽しみにしているようだ。 ホルツミンデン駅があるので、ヘクスター・ラートハウス駅からは約10分で着く。

Herzlich Willkommen !

Holzminden

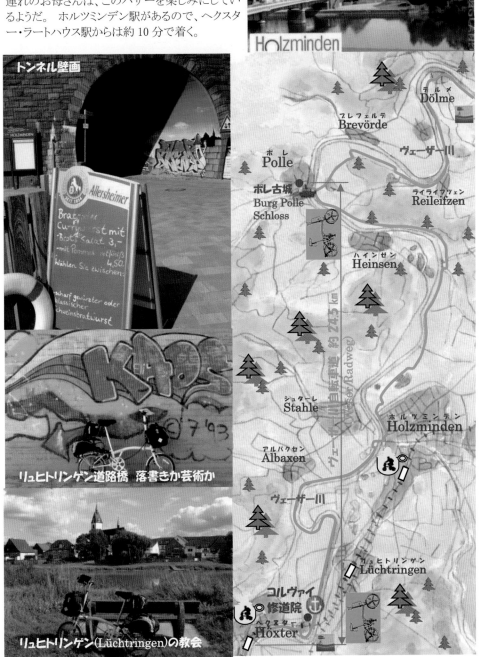

トンネル壁画

リュヒトリンゲン道路橋　落書きか芸術か

リュヒトリンゲン(Lüchtringen)の教会

Dölme
デルメ

Brevörde
ブレフェルデ

ヴェーザー川

Polle
ポレ

Burg Polle
Schloss
ポレ古城

Reileifzen
ライライフツェン

Heinsen
ハインゼン

Stahle
シュターレ

Holzminden
ホルツミンデン

Albaxen
アルバクセン

ヴェーザー川

ヴェーザー川自転車道　約245 km (Weser Radweg)

Lüchtringen
リュヒトリンゲン

コルヴァイ
修道院

Hoxter
ヘクスター

観光船
乗り場

Eis-Café
Lücke

Markt

マルクト
広場

観光
案内所

オーベレ通り
Obere Straße

Hafenbar

ヴェーザー川
Weser

Hafendamm

ホルツミンデン
Holzminden

ホルツミンデ

Hafendamm

ミューレン川

バーンホーフ通り
Bahnhofstraße

ホルツミンデン駅へ
Holzminden駅へ

NordWestBahn

DB

258

Obere Str. は歩行者天国

ドイツのお母さんたちは自分の子供が使われなくなった子供服、靴や本までをシートの上に丁寧に並べている。 あっという間に成長し、季節も変わることもあり、子供服バザーは盛況だ。

ホルツミンデン(Holzminden)では、トマトスープで河畔の休憩タイムとバザー市の賑わいを楽しんだ。　右岸を走ると前方にポレ(Polle)の高台に古城(Burg Polle Schloss)が見え、ヴェーザー川流域では珍しいなあと興味を抱く。　渡し船でヴェーザー川を渡り、スケジュールを急きょ変更し宿を飛び込みで探す。　古城入口の観光案内所だと思うが、飛び込むと予約してくれた。　彼女は今から車で家に帰るから「車の後ろを自転車でついてこい！」だって。　町メインのハインザー通り(Heinser Str.)を、スピードを出して走る車の後ろから追い駆ける。　ロブレクサー通り(Robrexer Str.)に入る角にあるペンション"Haus Heger"の前で、彼女は「ここよ」と合図し、エンジンを吹かして走り去った。　後ろには「ありがとう」と両手を大きく手を振る熟年男がいた。　走り去るエンジン音が忘れられない。　まるで映画の一コマのようである。

古城(Burg Polle Schloss)

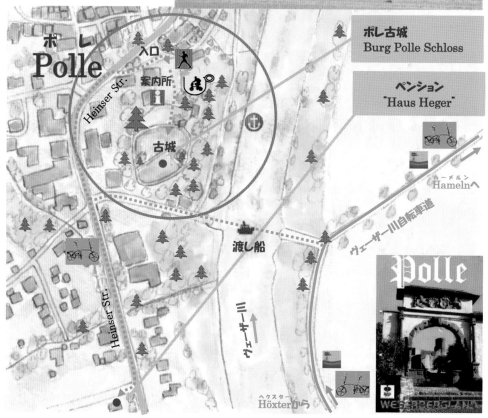

Polle
Landkreis Holzminden

高台にそびえる古城(Burg Polle Schloss)

ペンション
"Haus Heger"

古城は渡し船を下船し Heinser Str.を右に行くと入口があり、ヴェーザー川が一望である。

古城からの展望は素晴らしい！

ヴェーザー川は悠々と流れる

261

Polleを出発し、Bodenwerder 経由 Hamelnへ 約41.5 km

<ruby>Polle<rt>ポ レ</rt></ruby>　<ruby>Bodenwerder<rt>ボーデンヴェルダー</rt></ruby>　<ruby>Hameln<rt>ハーメルン</rt></ruby>

　数年後に再度自転車道を走り訪れた時、たまたま宿の前で主人と奥さんが花の手入れをしている。　交渉すると空室があり、飛び込みで泊まる。　奥さんに写していただいた写真は、とびきりの思い出となった。　村の牧草地で草を食む牛達は幸せそうで、絵になる風景に溶け込んでいる。　静かに佇む緑に囲まれたリューレ(Rühle)村には、ヴェーザー川と村の間を自転車道が走る。　ベンチが所々に置かれ、河面の水鏡には村が映し出される。　この風景は誰にも教えたくないほどで、癒されること請け合いだ。　この自転車道で一番印象に残っているエリアである。　休んで写真を撮影していると、サイクリストの男性から「何を撮影しているの」と声をかけられ、しばし井戸端会議。　そのとき自慢のランドナーと彼を撮影させてもらった旅の思い出は、旅人生の大切な財産となっている。

村の牧草地で草を食む牛達

リューレ(Rühle)村

262

ポレ(Polle)から渡し船に乗りヴェーザー川右岸の自転車道へ。 牧草を梱包機で成形したロールがランダムに転がり、日本には無い風景が広がっている。 干し草は家畜の餌にするのだろう。 デルメ(Dölme)村を通過するが、ガストホーフ宿"Gasthof zum Postillion"があり、どうやらヴェーザー川自転車道を旅するサイクリスト向けの宿のようだ。

ガストホーフ宿"Gasthof zum Postillion"

ドイツの田舎での彼との出逢い。 リューレ村からの自転車道では後ろを振り向かないが、何だか幸せな気分だ。 もう彼とは会うことはないだろうが、リュックに思い出を積み込こむことが旅というもの。 だから旅は止まらない。 橋を渡り、左岸のボーデンヴェルダー(Bodenwerder)の町に入る

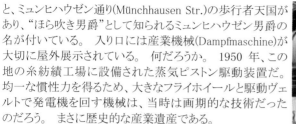

と、ミュンヒハウゼン通り(Münchhausen Str.)の歩行者天国があり、"ほら吹き男爵"として知られるミュンヒハウゼン男爵の名が付いている。 入り口には産業機械(Dampfmaschine)が大切に屋外展示されている。 何だろうか。 1950 年、この地の糸紡績工場に設備された蒸気ピストン駆動装置だ。均一な慣性力を得るため、大きなフライホイールと駆動ヴェルトで発電機を回す機械は、当時は画期的な技術だったのだろう。 まさに歴史的な産業遺産である。

産業機械が屋外展示　　　ミュンヒハウゼン通り歩行者天国の入り口

ミュンヒハウゼン通り(Münchhausen Str.)

リューレ(Rühle)村

リューレ村からボーデンヴェルダーに
向かう途中に、自然豊かな牧草地

ボーデンヴェルダーの散歩タイム。産業機械が展示されている横の公園敷地内に市庁舎がある。　この市庁舎はミュンヒハウゼン男爵の生家だったそうだ。　傍には観光案内所  、ほら吹き男爵が自らお出迎えしてくれるミュンヒハウゼン男爵博物館がある。　戻ってミュンヒハウゼン通りの歩行者天国を奥に進むと、木組みの家が多く並び、聖ニコライ教会前広場では市場が開かれていた。　露店は地元産の新鮮な食材が所狭しと並べられ、対面販売なので賑やかで盛り上がっている。　広場の奥にある噴水広場には、またまた男爵が登場だ。　ヴェーザー川沿いは市民の散歩道・遊歩道となっていて、河畔では鴨と人の共存共栄の時間が流れている。　お勧めの宿は、部屋の窓からヴェーザー川が一望できる川沿いの"Hotel Goldener Anker"。　前にテラス席のカフェ・ビヤガーデンがあるので、なおお勧めだ。

観光案内所

ミュンヒハウゼン男爵博物館

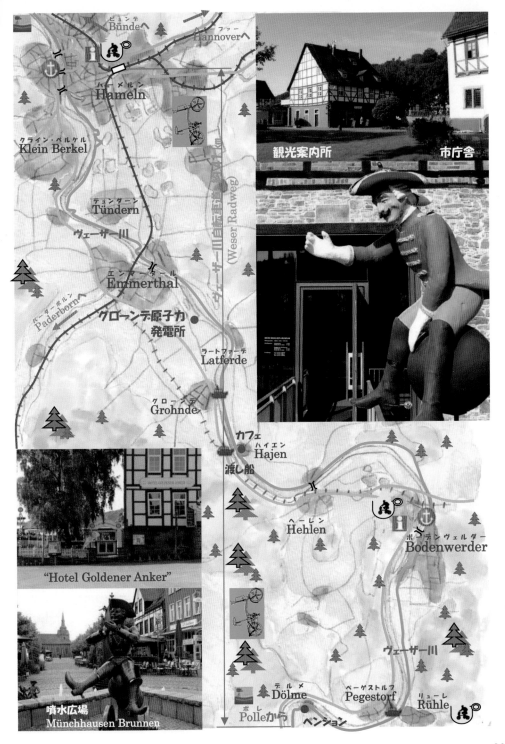

ビュンデ
Bünde へ

ファー
Hannover へ

ハーメルン
Hameln

クライン・ベルケル
Klein Berkel

テュンダーン
Tündern

ヴェーザー川

エンマータール
Emmerthal

パーダーボルン
Paderborn へ

（ヴェーザー川自転車道）
(Weser Radweg)

グローンデ原子力
発電所

ラートフェーデ
Latferde

グローンデ
Grohnde

カフェ
ハイエン
Hajen

渡し船

観光案内所

市庁舎

"Hotel Goldener Anker"

ヘーレン
Hehlen

ボーデンヴェルダー
Bodenwerder

ヴェーザー川

噴水広場
Münchhausen Brunnen

デルメ
Dölme

ポレ
Polle から

ベーゲストルフ
Pegestorf

ペンション

リューレ
Rühle

ハーメルンやヘクスターへの観光船の浮桟橋がある

ヴェーザー川の流れと、自転車道を走るサイクリストの眺めは最高

ボーデンヴェルダー(Bodenwerder)からハーメルン(Hameln)への道すがら、同じ年恰好の男性と遭遇。　ドイツでよく見かける犬用サイクルトレーラーで散歩中だが、可愛いワンコはウォーキング。写真を撮らせていただき、しばしの雑談は旅の大切な土産となった。　ハイエン(Hajen)の渡し船乗り場で、テラス席のあるカフェ・パーラー(Cafe Have Hajen am Alten Fährhaus)で休憩する。　自転車道をサイクリストが笑顔の挨拶をしながら通り過ぎる。　グローンデ原子力発電所(Kernkraftwerk Grohnde)の冷却塔が遠くに見える。　マニアックな話だが、渡し船で対岸に渡ると川沿いに鉄道路線がある。　ボーデンヴェルダーへと繋がっているが、旅客運行(休線)はしていないようだ。　発電所への引き込み線があるので、貨物路線として使用されているのだろう。　原発を見ながら自転車道を進むと、またまた渡し船(Weserfähre Grohnde)乗り場がある。　ヴェーザー河畔の風景に溶け込んでいる原発を背景に、休憩できるビューポイントを見つけ苺タイムとした。　何かと嫌われ役の原発は、ここでは仲良くヴェーザー川流域と共存していることを実感する。　効率の良いエネルギー活用は、私達人類にとって大切であると再認識させてくれた自転車道である。

カフェ・パーラー(Cafe Have Hajen am Alten Fährhaus)前で撮影

ハイエン(Hajen)の渡し船乗り場

苺休憩

← Holzminden	36	Hameln →	16
← Bodenwerder	9.3	Emmerthal →	7.7
← Daspe	3.2	Latferde →	4.0
		Grohnde →	2.3

遠方にグローンデ原子力発電所

テュンダーン(Tündern)では、ヴェーザー川沿いにオランダ風車(Holländer Windmühle Tündern)が見え、そばを自転車道が走る。 1883 年に建てられた製粉工場だそうで、放置されていたが修復復元されている。 オープンテラス席のあるレストラン・テュンダーンシェ・ヴァルテ"Tündernsche Warte"が自転車道沿いにある。 ハーメルン(Hameln)の観光船乗り場に着くと、今までの町と違い賑やかで別世界にいるような感覚だ。 福音教会(Münster St. Bonifatius)とその広場がある。

観光船乗り場とチケット売り場の小屋

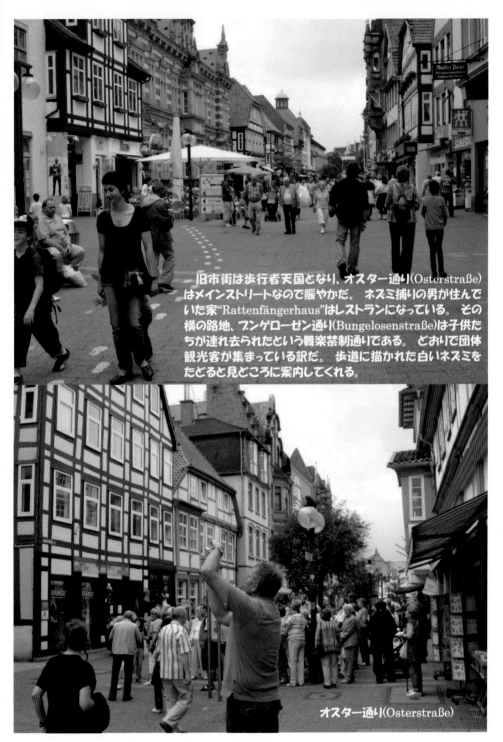

　旧市街は歩行者天国となり、オスター通り(Osterstraße)はメインストリートなので賑やかだ。　ネズミ捕りの男が住んでいた家"Rattenfängerhaus"はレストランになっている。　その横の路地、ブンゲローゼン通り(Bungelosenstraße)は子供たちが連れ去られたという舞楽禁制通りである。　どおりで団体観光客が集まっている訳だ。　歩道に描かれた白いネズミをたどると見どころに案内してくれる。

オスター通り(Osterstraße)

273

ハーメルンの街散歩では、旧市街は歩行者天国なので自転車は宿で預かってもらう。　観光案内所 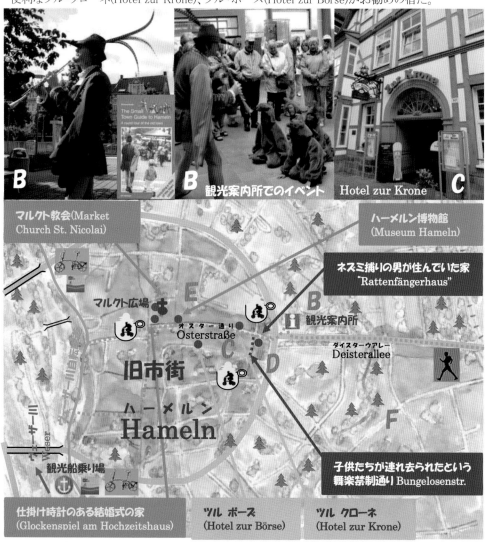 では、羽根飾りの帽子をかぶり、カラフルな服を身にまとった男に遭遇。　毎年5月中旬から9月中頃まで、毎週日曜日の12時からマルクト教会(Market Church St. Nicolai)前の広場で、仕掛け時計のある結婚式の家(Glockenspiel am Hochzeitshaus)のテラスで「ねずみ捕り男」野外劇が演じられる。　街の華やかな賑わいを見せるオスター通り(Osterstraße)でのお目当ては、ネズミ捕りの男が住んでいた家"Rattenfängerhaus"と、その横にある路地ブンゲローゼン通り(Bungelosenstraße)である。　子供たちが連れ去られたというこの通りは、踊りや音楽の演奏が禁じられている舞楽禁制通りだ。　オスター通りにはハーメルン博物館(Museum Hameln)もある。　ヴェーザールネッサンス様式のファサードが美しい館、ライストハウス(Leisthaus)に玄関がある。　1585年から1589年にかけて豪商ゲルト・ライストのために建築された家で、屋根裏部屋(貯蔵庫)の直ぐ上が、一風変わったぎざぎざ渦巻き装飾の切り妻屋根となっている。　この通りにあり、街歩きに便利なツル・クローネ(Hotel zur Krone)、ツル・ボーズ(Hotel zur Börse)がお勧めの宿だ。

B

B　観光案内所でのイベント

Hotel zur Krone　C

マルクト教会(Market
Church St. Nicolai)

ハーメルン博物館
(Museum Hameln)

ネズミ捕りの男が住んでいた家
"Rattenfängerhaus"

マルクト広場

E

B

観光案内所

オスター 通り
Osterstraße

ダイスターウアレー
Deisterallee

旧市街

C

D

ハーメルン
Hameln

F

Weser　ミーキ千

観光船乗り場

子供たちが連れ去られたという
舞楽禁制通り Bungelosenstr.

仕掛け時計のある結婚式の家
(Glockenspiel am Hochzeitshaus)

ツル ボーズ
(Hotel zur Börse)

ツル クローネ
(Hotel zur Krone)

ネズミ捕りの男が住んでいた家
"Rattenfängerhaus"

D

Bungelosenstraße

GASTSTÄTTE RATTENFÄNGERHAUS

D

ネズミ捕りの男が住んでいた家はレストランに

ハーメルン博物館

E

D

ハーメルン駅 A

ハーメルン
Hameln

Bahnhofstraße

Rinteln へ

Hannover へ

駅舎

NordWestBahn

DB S

ハーメルン
Hameln駅

Paderborn へ

A

D

ブンゲローゼン通り(Bungelosenstraße)

275

2、 ザクセン州自転車ポタリング

エルベ川自転車道（Elbe-radweg）

ELBE

エルベ川自転車道のお試しポタリング

　エルベ川は、チェコ北部およびドイツ東部を流れ、北海へと注ぐ全長約1,091km の国際河川である。 そのうちチェコのプラハ（Praha）からドイツのドレスデン（Dresden）まで、さらにハンザ同盟の中心都市のハンブルクを経由し北海の河口の町であるクックスハーフェン（Cuxhaven）まで自転車道が整備されている。 うちドイツ国内は、ザクセン州のシュヴァイツ（Schweiz）から北海までの約860km だ。

　このエルベサイクリングロードは、ADFC（全ドイツ自転車協会）のアンケートで、6 回連続で最も人気のあるサイクリングロードに選ばれたとのこと（ドイツ観光局）。

　折り畳み自転車でルートの全走破を計画しているが、今回の SL 蒸気機関車やレールバスの追い掛け編のスケジュールをやりくりし、お試しショートポタリングとして二つのコースを選んでみた。 ここでは PART1 として**コースの目玉はガーデンジオラマとエルベ川沿い撮り鉄街道**を紹介したい。

　チェコとの国境に近いザクセン・スイス国立公園内の温泉保養地で人気のバート・シャンダウから川沿いにエルベ自

レトロなトラムがザクセンスイス国立公園内を走るキルニッチュ渓谷鉄道

A

撮影ポイント①

バート・シャンダウ
Bad Schandau
（Bahnhof）

ケーニッヒスシュタイン
Königstein
（Bahnhof）

Bahnhof

ドイツ、チェコ間の幹線路線

エルベ川
エルベ川自転車道

エルベ川に架かる橋を渡る右岸へ

渡し船に乗船
自転車・歩行者専用

撮り鉄街道撮影ポイント①

自転車道は渡し船に乗り対岸のケーニッヒスシュタインへ

B

転車道を走ると、砂岩壁の山に遭遇する。 ロマンティックな岩石地帯を、エルベ川沿いに駆け抜けると、ピルナの町に着く。 川沿いのドイツとチェコ間には幹線の鉄道路線が走り、エルベ川自転車道をポタリングしながら撮り鉄に変身できる「鉄ちゃん」には堪らないルートだ。 そこで、私は「エルベ川沿い撮り鉄街道」と呼ぶことにした。

　チェコ製の電気機関車に牽引された国際特急ユーロシティー（EC）、日本ではあまり見られなくなった貨物列車、ドレスデンからの S バーン。 いずれも電気機関車が客車を押したり引いたりするプ

エルベ川自転車道(Elbe-radweg)とエルベ川沿い撮り鉄街道 サイクルダイヤ時刻表

エルベ川自転車道サイクルポタリング実施編

バート・シャンダウ(Bad Schandau)からクアオルト・ラーテン(Kurort Rathen)を経由し、ピルナ(Pirna)へ約36kmのサイクル旅

コースの特徴 ABCD

Bike Line 地図は必需品
（現地かアマゾンで購入可）

撮影ポイント②　エルベ川自転車道　36km

クアオルト・ラーテン
Kurort Rathen
（Bahnhof）

シュタット・ヴェーレン
StadtWehlen
（Bahnhof）

ピルナ
Pirna
（Bahnhof）

寄り道

Bahnhof

撮り鉄街道撮影ポイント②

庭園ジオラマ(Eisenbahnwelten)

駅ホームのビヤガーデンでカフェチーン＆撮り鉄①

急ブレーキ
ガーデンジ
オラマに
遭遇、模型
鉄には堪ら
ない
C

駅の踏切でカフェチーン
＆撮り鉄②

シュタット・ヴェー
レン駅での踏切ビ
ヤガーデン＆踏切
撮り鉄タイム

D

ドレスデン
Dresden Hbf

Hbf

ッシュプル方式である。　このスタイルは日本になく興味がそそられる。　ポタリング中に列車接近に気づいたら急ブレーキをかけ、カメラを直ぐに構えないとシャッターチャンスを逃がしてしまう程スピードが出ている。　鉄ちゃん気分で得意になって自転車を走らせると、クアオルト・ラーテンという町の入り口に、何と鉄道の世界「Eisenbahnwelten」というSLの漫画が描かれた看板が飛び込んできた。　急ブレーキ。　一瞬固まって立ち止まり、自分で自分に落ち着けと言っている。　広大な敷地に、模型鉄には堪らないGゲージの庭園ジオラマであった。　さあ、勇気を出して入って見ようということで入園。　気付くと約2時間もお世話になっていた。　赤いパラソルのオープンテラス席のあるレストラン・カフェやホテルまであり、至れり尽くせりだ。

バート・シャンダウ駅出発進行

プロッセン（Prossen）村を通過

バート・シャンダウ駅

エルベ川自転車道を体験走行する。 ワンデーサイクルポタリングの出発点はバート・シャンダウ。 温泉保養地なので駅舎には ℹ️ 観光案内所とチケット売り場があり、パンフレットや地図が無料で手に入る。 まずは対岸のバート・シャンダウの旧市街を散策して見よう。 行くには駅前の渡し船に乗船（片道 1€、運航ダイヤは 30 分間隔、自転車そのまま持ち込み可）する。 温泉保養地なので観光客が多く乗り、ザクセンのスイスと言われるドイツで唯一岩の多い緑豊かな自然の中をウォーキングするハイカーが目立つ。 私のお目当ては、黄色のレトロタイプのトラム、キルニッシュ渓谷鉄道（Kirnitzschtalbahn）に乗ること。 旧市街の外れに乗り場があり、シュタット・パーク公園（Stadtpark）から、リヒテンハイナー（Lichtenhainer Wasserfall）の滝まで約 8 ㎞（乗車時間約 30 分）、キルニッチュ川の渓谷に沿い、ザクセン・スイス国立公園の中をガタンゴトンと走る。

バート・シャンダウの町、渡し乗り場

278

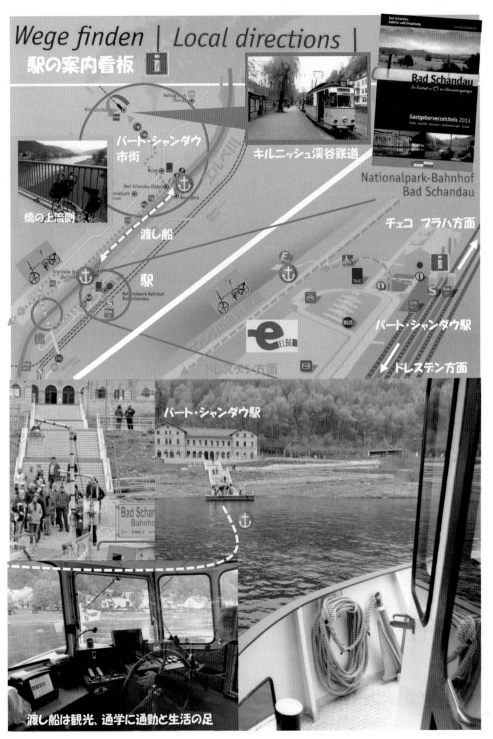

Wege finden | Local directions |

駅の案内看板

バート・シャンダウ市街

キルニッシュ渓谷鉄道

橋の上流側

渡し船

駅

橋

Nationalpark-Bahnhof
Bad Schandau

チェコ プラハ方面

バート・シャンダウ駅

ドレスデン方面

バート・シャンダウ駅

渡し船は観光、通学に通勤と生活の足

Bad Schandau
Gastgeberverzeichnis 2013

温泉保養地バート・シャンダウに観光に訪れたのではなく、主目的はエルベ川自転車道を走ることだ。　華やかな旧市街を避け、バート・シャンダウ駅の少し先にあるエルベ川左岸の河畔のクリッペン(Krippen)という静かな田舎にある"Hotel Erbgericht"に宿泊した。　翌朝、渡し船でクリッペンから対岸のポステルヴィッツ(Postelwitz)に渡る。　右岸のエルベ川自転車道を少し走り、バート・シャンダウ旧市街に入った。

クリッペン(Krippen)という静かな田舎

庭園鉄道ジオラマ 鉄道の世界(Eisenbahnwelten)

シュタット ヴェーレン
Stadt Wehlen

クアオルト ラーテン
Kurort Rathen

エルベ川自転車道 約24km
(Elbe Radweg)

エルベ川

バート・シャンダウ
Bad Schandau

キルニッシュ渓谷鉄道
旧市街

ケーニッヒスシュタイン
Königstein

クリッペン
Krippen

A

B エルベ川
ジェチーン チェコDěcínへ

Hotel-Gaststätte
Erbgericht

HOTEL
ERBGERICHT
ORIENTIERUNGSPLAN

Postelwitz

ポステルヴィッツ B
渡し船乗り場

エルベ川畔にはタンポポが咲き始め春の到来 後方はバート・シャンダウの町

281

キルニッシュ渓谷鉄道 （Kirnitzschtalbahn）

シュタット・パーク公園(Stadtpark)～
リヒテンハイナーの滝(Lichtenhainer Wasserfall)

Regionalverkehr Sächsische Schweiz-Osterzgebirge GmbH　　http://www.ovps.de

キルニッシュ渓谷鉄道(Kirnitzschtalbahn)は、1898 年の開業である。 メートルゲージ鉄道(軌間 1000 mm)は、バート・シャンダウからキルニッツシュ渓谷を通り、リヒテンハインの滝まで走る。 渓谷沿いの山の中、ザクセンスイス国立公園内を走るのには、古くからの歴史ある鉄道なりの存続理由がある。 バート・シャンダウの温泉保養地にやって来たハイカー、観光客、スパ客を、観光の目的地まで運ぶトラムの役割があるからなのだ。 総延長約 8 kmの路線で、バート・シャンダウのからリヒテンハインの滝まで、エルベ砂岩山地(Elbsandsteingebirges)の奇妙な岩の間を縫い、キルニッツシュ川に沿った渓谷路線(道路と軌道の併用区間)を走る。

1927 年には、車庫の火災により車両焼損。 鉄道閉鎖やトロリーバス事業への転換計画、第二次世界大戦のための運行休止、列車事故などが重なり、ルート短縮や一時的な運行停止を余儀なくされた。 1990 年の東西ドイツ統一後は、全線での運行を再開するが、2010 年はキルニッツシュ渓谷の深刻な洪水の影響を受け、部分的な水没のため運行は一時的に停止。 こうした数々の困難を乗り越え、今では歴史的にも重要な輸送手段として保存運営され、ザクセンスイスの観光客輸送を担っている。

seit 1898

Die Kirnitzschtalbahn

Kirnitzschtalbahn

Bad Schandau - Lichtenhainer Wasserfall - Bad Schandau

Sommerfahrplan der Kirnitzschtalbahn (Auszug gilt ab 29.03. bis 03.11.2013)

		TÄGLICH																				
Stadtpark	ab	08:15	09:30	10:00	10:30	11:00	11:30	12:00	12:30	13:00	13:30	14:00	14:30	15:00	15:30	16:00	16:30	17:00	17:30	18:00	18:30
Pflanzengarten		08:18	09:34	10:04	10:34	11:04	11:34	12:04	12:34	13:04	13:34	14:04	14:34	15:04	15:34	16:04	16:34	17:04	17:34	18:03	18:33
Waldhäus'l		08:22	09:38	10:08	10:38	11:08	11:38	12:08	12:38	13:08	13:38	14:08	14:38	15:08	15:38	16:08	16:38	17:08	17:38	18:07	18:37
Ostrauer Mühle / Zeltplatz		08:25	09:41	10:11	10:41	11:11	11:41	12:11	12:41	13:11	13:41	14:11	14:41	15:11	15:41	16:11	16:41	17:11	17:41	18:12	18:42
Mittelndorfer Mühle		08:27	09:44	10:14	10:44	11:14	11:44	12:14	12:44	13:14	13:44	14:14	14:44	15:14	15:44	16:14	16:44	17:14	17:44	18:14	18:44
Forsthaus		08:29	09:47	10:17	10:47	11:17	11:47	12:17	12:47	13:17	13:47	14:17	14:47	15:17	15:47	16:17	16:47	17:17	17:47	18:14	
Nasser Grund		08:34	09:53	10:26	10:56	11:26	11:56	12:26	12:56	13:26	13:56	14:26	14:56	15:26	15:59	16:29	16:59	17:26	17:59		18:53
Beuthenfall	▼	08:38	09:56	10:29	10:59	11:29	11:59	12:29	12:59	13:29	13:59	14:29	14:59	15:29	15:59	16:29	16:59	17:26	17:56		
Lichtenhainer Wasserfall	an	08:40	09:59	10:32	11:02	11:32	12:02	12:32	13:02	13:32	14:02	14:32	15:02	15:32	16:02	16:32	17:02	17:32	18:02		18:55

		TÄGLICH																				
Lichtenhainer Wasserfall	ab	08:45	10:10	10:40	11:10	11:40	12:10	12:40	13:10	13:40	14:10	14:40	15:10	15:40	16:10	16:40	17:10	17:40	18:10		19:15
Beuthenfall		08:48	10:14	10:44	11:14	11:44	12:14	12:44	13:14	13:44	14:18	14:48	15:18	15:48	16:18	16:48	17:18	17:48	18:18		19:17
Nasser Grund		08:51	10:18	10:48	11:18	11:48	12:18	12:48	13:18	13:48	14:18	14:48	15:18	15:48	16:18	16:54	17:24	17:54	18:24		19:26
Forsthaus		08:57	10:24	10:54	11:24	11:54	12:24	12:54	13:24	13:54	14:24	14:57	15:24	15:57	16:27	16:57	17:27	17:57	18:27		19:28
Mittelndorfer Mühle		09:00	10:27	10:57	11:27	11:57	12:27	12:57	13:27	13:57	14:27	14:57	15:27	15:57	16:30	17:00	17:30	18:00	18:30		19:30
Ostrauer Mühle / Zeltplatz		09:03	10:30	11:00	11:30	12:00	12:30	13:00	13:30	14:00	14:30	15:00	15:30	16:00	16:30	17:00	17:30	18:00	18:30		19:30
Waldhäus'l		09:06	10:33	11:03	11:33	12:03	12:33	13:03	13:33	14:03	14:33	15:03	15:33	16:03	16:33	17:03	17:33	18:03	18:33		19:33
Pflanzengarten		09:10	10:40	11:10	11:40	12:10	12:40	13:10	13:40	14:10	14:40	15:10	15:40	16:10	16:40	17:10	17:40	18:10	18:40		19:37
Stadtpark	an	09:14	10:44	11:14	11:44	12:14	12:44	13:14	13:44	14:14	14:44	15:14	15:44	16:14	16:44	17:14	17:44	18:14	18:44		19:40

Der vollständige Fahrplan der Kirnitzschtalbahn ist in den Aushangfahrplänen an den Haltestellen der Kirnitzschtalbahn ersichtlich. Alle Angaben ohne Gewähr.

キルニッシュ渓谷鉄道車両基地

朝、渡し船でクリッペンから対岸のポステルヴィッツに渡る。清々しい静寂なエルベ川沿いを走ると、DB オリジナルカラーの赤い電気機関車がダブルデッカーの客車を牽引して通り過ぎる。 その時の状況は今でも鮮明に覚えている。ポーっと汽笛がするではないか。 SL が通過するとカメラを構える。 なんと蒸気船がバート・シャンダウの方からやってきたのだ。 おまけに目の前で蒸気の煙を噴き上げてくれるので、慌てて急ブレーキをかけ撮影する。 今思えば、自転車で走る私に合図をしてくれたようだ。 あまりにも突然のことで、船長にありがとうと手を振るのを忘れたのが悔やまれる。 キルニッシュ渓谷鉄道(Kirnitzschtalbahn)の乗り場、シュタット・パーク公園(Stadtpark)停留所に到着する。 黄色いレトロタイプのトラムが待機している。 行き先表示はリヒテンハイナーの滝(Lichtenhainer Wasserfall)。 終点の停留所である。 この路線は、もともとバート・シャンダウの市内線として旧市街まで延びていたが、交通量の増加によるモータリーゼーションのあおりを受け、1969 年に路線が 350m 程短縮され、この公園が始発駅になったようだ。 ザクセンのスイス、ザクセンスイス国立公園に観光客を運ぶトラムは、白と黄色のツートンカラー。 樹木の緑と良く似合い、側面には誇らしげに国立公園の名称(Nationalpark Sächsische Schweiz)が緑の字で描かれている。これから車両基地(Depotweiche 車庫)のある Waldhäus'l 停留所まで乗車(輪行)しよう。

側面にザクセンスイス国立公園　　道路との併用軌道を走る

A

始発停留所　シュタット・パーク公園(Stadtpark)

ポーっと汽笛が、
カメラを構えるとなんと蒸気船

ドレスデンからエルベ川を航行する蒸気船

テラス席のある
レストラン
"Elbterrasse"

キルニッシュ渓谷鉄道
（Kirnitzschtalbahn）

キルニッシュ
渓谷鉄道
乗り場

Kurpark

自転車
5分

Kirnitzschtalstraße

Bad Schandau
バート　シャンダウ

旧市街

徒歩
15分

マルクト広場

噴水

フェリーターミナル
Fährstelle Stadt

285

車両基地(Depotweiche 車庫)のあるWaldhäus'l停留所で下車する。　スタッフに挨拶し、車庫内に進入できた。　屋外には今仕事に出掛けようとしているトラム、車庫内には整備中のトラムや出発準備のため運転士が乗り込み機器の作動チェック中のトラム。　普段見られない朝のひとコマである。　帰りはキルニッシュの渓谷に沿った道路と軌道併用のキルニッシュ渓谷通り(Kirnitzschtalstraße)を撮り鉄しながらポタリングし市内に戻る。　バート・シャンダウ駅から渡し船で到着した観光客、ハイキング客や自転車ごと乗せたサイクリストが下船してくる。　広場のバス停留所(Elbkai)では国立公園行きの赤いレトロ風(MAN 社製の新車)の定期運行バス(Nationalpark-Express)が待っている。　待ちに待った春の訪れ、シュパーゲル料理が垂れ幕を垂らし誘惑する。

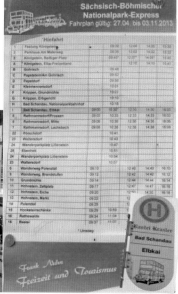

	Sächsisch-Böhmischer Nationalpark-Express Fahrplan gültig: 27.04. bis 03.11.2013				
	Hinfahrt				
1	Festung, Königstein	09:30	12:00	14:30	15:30
2	Parkhaus Am Malerweg				
3	Königstein, Reißiger Platz	09:40	12:07	14:35	15:40
4	Königstein, Elbe-Freizeitland	09:47	12:11	14:38	15:42
C	Gohrisch				
D	Papstdorf/Am Gohrisch	09:52			
E	Papstdorf				
F	Kleinhennersdorf	10:01			
G	Krippen, Grundmühle	10:03			
	Krippen, Elbgericht	10:10			
H	Bad Schandau, Nationalparkbahnhof	10:15			
1	Bad Schandau, Elbkai	09:55	10:30	12:30	14:30	16:00
9	Rathmannsdorf/Prossen	09:03	10:33	12:33	14:33	16:03
8	Rathmannsdorf, Mitte	09:06	10:36	12:36	14:36	16:06
7	Rathmannsdorf, Lachsbach	09:09	10:38	12:38	14:38	16:08
6	Porschdorf	10:44			
5	Waltersdorf	10:48			
24	Wanderparkplatz Lilienstein	10:47			
23	Ebenheit	10:51			
24	Wanderparkplatz Lilienstein	10:54			
5	Waltersdorf	10:57			
15	Wanderweg Polenztal	09:10	10:40	12:40	14:40	16:12
9	Wanderweg, Brandstufen	09:12	10:42	12:42	14:42	16:12
12	Grundmühle	09:14	10:44	12:44	14:44	16:16
11	Hohnstein, Zeltplatz	09:17	10:47	12:47	14:47	16:18
12	Hohnstein, Eiche	09:20			
13	Hohnstein, Markt	09:22			
14	Polenztal	09:28			
3	Hocksteinschänke	09:30			
16	Rathewalde	09:34	11:04		
18	Bastei	09:37	11:01		
	* Umsteigen				

バート・シャンダウ駅からの渡し船が到着

２階オープン展望席のある観光バスもある

渡し船乗り場前のバス停 Elbkai

渡し船乗り場前のケーニヒシュタイナー通り(Königsteiner Str.)

車両基地 Depotweiche トラム車窓から撮影

車両基地 Depotweiche の内部

KIRNITZSCHTALBAHN

Waldhäus'l 停留所
ベンチが黄色でお洒落

バート・シャンダウから雑木林の道

Königstein (Stadt) 0.3
Kurort Rathen 6

エルベ自転車道はこの先渡し船に乗る

対岸は
ケーニッヒシュタインの町

渡し代 2€
（自転車含む）

渡し船に乗船、エルベ川自転
車道もここを渡るのだ！

この渡し船は自転車と
歩行者専用なのだ

Halbestadt

Fährstelle Halbestadt

バート・シャンダウからエルベ川の右岸に沿ったエルベ川自転車道を走る。 川沿いの洗練された村々の生活ウオッチングをしながら進むと、静かな雑木林の道の前方視界が開け、対岸にケーニッヒシュタイン(Königstein)の町が見える。 渡し船の乗り場には、テラス席でエルベ川が一望できるホテル"Landgasthof-Müller"がある。 エルベ川渡し船に乗り、対岸のケーニッヒシュタインへ。平日は朝 4:30 から、土曜と日曜は朝 5:30 から運行と、案内看板がある。 すごい！朝早くからの通勤渡しも兼ねている。 ちなみにこの渡しは、自転車と歩行者専用で、夜遅く 22:45 迄営業だ。

600 mm望遠の世界
ドレステン蒸気機関車フェスティバルのイベントの
エルベ渓谷蒸気ツアーの撮影ポイントはここで！

ベンチで休憩

ベンチで休憩

エルベ渓谷撮り鉄街道

広角 25 mm

渡しを降り
自転車道を走行中
観光船航行の後
S バーン通過

鉄道撮影にお気に入りのミラーレス一眼「ルミックス FZ-200（今は後継機 FZ-300 を愛用)」は、全域で明るさ F2.8 のライカ製の 25～600 mm のズームレンズである。 友達に自慢すると「嘘だあ！まがい物で騙されている」と皆大笑い。何度言っても相手にしてくれない。 600 mmの望遠は今まで経験したことがない未知の世界を私に見せてくれる。 レンズが F2.8 と明るいので、シャッタースピードを速く選択でき、手振れ補正付きのレンズのお蔭で、普通なら三脚が必需品だが、私の腕でも手振れはしない。 こんな 600 mmの世界は、嵌まるほど素晴らしいの一言である。

渡し船を降りると、ケーニッヒシュタイン(Königstein)の町だ。 エルベ川に沿った自転車道のポタリングをしていると、エルベ川の洪水に備えてだろうか、並行に走る石造りの高架橋をプッシュプル方式の S バーンが 4 両編成 2 階建ての客車を押しながらドレスデン方面に速いスピードで駆け抜けた。 急ブレーキ。 カメラを構えると、もうとっくに先方に消えかかっている。 手早く電動ズームを 600 mmいっぱいにセットし、次は連写。 その自慢の成果物がこの写真だ。 同一場所にて撮影している。 4 月の初めドレスデンで蒸気機関車フェスティバルが開催され、イベントのエルベ渓谷蒸気ツアーに参加した。 エルベ川沿いにチェコのジェチーンの町へ往復し、このポイントは車窓から覚えているが、エルベ川が S カーブを描き川幅が広く気持ちが良い。 観光の蒸気船がドレスデンからバート・シャンダウまで運航しているが、ポタリング中にこの日もポーと汽笛が聞こえ、SLが通過すると身構えたが、蒸気船であった。

自転車鉄の私、エルベ川自転車道を走り、
川沿いの庭園ジオラマパークを発見！

　ドレスデン(Dresden)から鉄道でバート・シャンダウ(Bad Schandau)へ行く。　ここは蒸気機関車フェスティバルでの蒸気ツアーで通過したエルベ川沿いの温泉リゾート地である。　ここから久しぶりの青空の下、ドレスデンに向かってエルベ川自転車道を快速走行しているが、エルベ川沿いに岩壁が連なるエルベ渓谷でよく知られたこぢんまりした観光地、クアオルト・ラーテン(Kurort Rathen)に入る。鉄道の世界(Eisenbahnwelten)の看板が見え、急ブレーキ！　こんなところに鉄道博物館があったのか？と、しばらく気を落ち着かせ、とっくり観察すると、何とここは屋外庭園鉄道ジオラマと、レストラン・カフェ・ホテルを併設しているガーデンパークであった(www.eisenbahnwelten-rathen.de)。

　入口にはチケット売り場の小屋があり、入場料が要るようだが、誰も居ないので勇気を出して通過。　すごい庭園ジオラマだ。　7000 ㎡の広さの庭園にはレースニッツグルンド鉄道のラーデボイルオストの駅やモーリッツブルク駅周辺の町、ヴァイセリッタール鉄道のフライタール・ハインスベルグ駅もある。　模型ジオラマで再現しているのだ。　今回の旅で乗車したザクセン州ナローゲージのSL路線だけに、感激もひとしおである。

エルベ渓谷のクアオルト・ラーテンに入ると、Eisenbahnwelten の看板が、急ブレーキ！ちょっと寄り道 ゛ザクセン州の鉄道ジオラマ゛ だった！

ヴェーザー川自転車道を走行中、急ブレーキ！

Pension Eisenbahnwelten im Kurort Rathen
Inhaber Lothar und Margot Hanisch
Elbweg 10, 01824 Kurort Rathen
Telefon: 035021 59428
pension@eisenbahnwelten-rathen.de
www.eisenbahnwelten-rathen.de

エルベ川自転車道沿いなので、サイク
リストも多く訪れるので駐輪場も完備

庭園ジオラマの背景には、エルベ川を航行する蒸気船が通過

窓口受付

　パラソルが開いた屋外オープンテラス席に座り、じっくり観察を開始する。　ICE、蒸気機関車、プッシュプル電気機関車、ディーデル機関車などの牽引する客車や貨物列車が走る。　今日の出発したバート・シャンダウ(Bad Schandau)にあるザクセンスイス国立公園を走るキルニッシュタール鉄道のトラムまである。　おまけに脱線して立ち往生中と、至れり尽せりである。　しばし見とれ、ジオラマを撮りまくる。　確か看板には撮影料が必要とあったが、カプチーノとアイスクリームパフェを注文するからまあいい。　ウエイトレスがタイミングよく来てくれたので、日本から来たこと、素晴らしいガーデンですねとご挨拶。　チェックプリーズと精算時、ついでに「ジオラマガーデンのチケットPlease！」カプチーノ 2.3€、クリームパフェ 4.6€、入場料金 7€(大人 6€、撮影料金 1€)の合計13.9€とメモ用紙に書いてくれたのでチップ込みで 15€支払う。　入場チケットと私のリックに青い紙バンドを付けてくれた。　これが撮影許可証だ。

鉄道の世界(Eisenbahnwelten)の庭園鉄道では、模型鉄には堪らないジオラマ三昧のひと時が愉しめる。　赤いパラソルの席からはジオラマが一望できる。　遠景にエルベ川、渡し船が観光客を対岸に運び、観光船が行き交う。　対岸の川沿いには赤いとんがり屋根の家々が並び、エルベ渓谷の岩壁がそびえている。　ここザクセンスイス国立公園は、ドレスデンからエルベ川に沿い、30 km上流に広がる砂岩山地だ。　白亜紀の奇怪な浸食された渓谷、そそり立つ岩壁を、エルベ川を航行する蒸気船や、私が走るエルベ川自転車道から見上げることができる。　ザクセンスイスでのビューポイントは、ほぼ200m垂直に立つバスタイ岩と岩を繋ぐ76mの石造りのアーチ橋である。　ここはドイツのグランドキャニオンとも呼ばれているそうだ。　さあ、ガーデンジオラマ、庭園鉄道に注目しよう。　路線の総延長 4.5km、庭園面積7000 ㎡、蒸気機関車90 基、車両250 両を有している。　緑の車体が良く似合うメイヤー式SLがラーデボイルオスト駅を出発する。　鉄道マニアには良く知られた撮影ポイントの池の真ん中にある小さな橋を渡り、モーリッツブルク駅に到着する。　駅の向こうには池を挟んでモーリッツブルク城

案内掲示板

が見える。　この駅止まりの列車は SL の機廻し、列車の先頭に機関車を付け替えるのに、そばのもう一本の線路を使って列車の先頭に移動する。　観光客が見守る中、SL は得意になって見て見てと黒煙と蒸気を出しながら、ここが見せ場とばかりに全速力で移動するのだ。　ここではジオラマでそっくり再現してくれそうだ。　このジオラマの運転は、中央操作室に並べた 8 台の CRT 画面で制御され、フローチャート上で、走っている列車が今どこを走っているか全て把握できるシステムとなっている。　お隣のチェコから訪れる訪問客用のパンフレットもある。

中央操作室

オープンテラス席からジオラマ一望

レースニッツグルント鉄道：
ラーデボイルオスト駅

Radebeul Ost

A

レースニッツグルント鉄道：
モーリッツブルク駅

B

C

トラムが脱線

駅から渡し船を含め徒歩 30 分〜1 時間弱のハイキング

バスタイ橋
Basteibrücke

ラーテン
Rathen

レストラン・ビヤガーデン
Rathener Felsenblick

ドレスデンへ
Dresdenへ

バート シャンダウへ
Bad Schandauへ

エルベ川

渡し船 Fährstelle
Niederrathe

Fährstelle
Oberrathen

クアオルト ラーテン
Kurort Rathen 駅

庭園鉄道 ジオラマ
Eisenbahnwelten

　渡し船の乗り場にある案内掲示板には、ウォーキングルートが紹介されている。　エルベ川の浸食作用によってできた垂直に立つバスタイ岩と繋ぐ石橋へは徒歩 30 分〜1 時間弱（約 1.3 km）、クアオルト・ラーテン駅からエルベ川に出ると渡し船がある。　対岸に渡り、木組みの家々を抜けると山道に入り、途中エルベ川の絶景ポイントで休憩する。山頂に近づくと岩の間を縫うように歩き、バスタイ橋 Basteibrücke に着く。　スイスの画家が 200 年以上前、エルベ砂岩山地の独特な岩石や岩山の風景の中にいて、故郷の自然を思い出し、今日に至るまで有名な Sächsische Schweiz「ザクセンのスイス」の名を与えたとか。

鉄道路線沿いに走る
エルベ川自転車道から撮影

ザクセン・スイス国立公園の「バスタイ橋」に行くには渡し船で対岸に渡る

垂直に立つバスタイ岩と繋ぐ石橋

駅の踏切からエルベ川に向かって歩く

クアオルト・ラーテン駅にはビヤガーデンがあるぞ！　　渡し船

プッシュプルタイプのSバーン　　ドイツとチェコ間を走る国際列車EC

　ガーデンジオラマ「Eisenbahnwelten」に行くには、クアオルト・ラーテン(Kurort Rathen)駅で下車する。駅ホームから直接入れるビヤガーデンがある。　駅横の踏切からエルベ川に向かって歩くと、渡し船の乗り場が、少し上流の直ぐ右側にある。

　この路線は、ドイツのドレスデンとチェコのプラハを結び、エルベ川沿いに走る幹線路線なので国際列車のECがチェコの電気機関車に牽引され、かなりのスピードで駅を通過する。　私はエルベ川撮り鉄街道と呼んでいるが、各駅に停車するSバーンは2階建ての客車を押したり引いたりするプッシュプルタイプの電気機関車である。　また、コンテナ貨物列車も頻繁に通過していく。　駅撮りにはもってこいで、撮り鉄は踏切音が鳴るとワクワクのしっぱなしである。

　列車の待ち時間に余裕があるのなら、駅のホームから直接入れるビヤガーデン　Biergarten "Rathener Felsenblick"があるので、ちょっと寄り道しての一息休憩がお勧めだ。　踏切の警報音がカンカンと鳴れば、ホームに出て撮影タイム。　撮り鉄に変身できる。

シュタット・ヴェーレン(Stadt Wehlen)駅の踏切撮り鉄タイム

　クアオルト・ラーテン駅から路線沿いに雑木林の静かな山道は、時々列車が駆け抜ける撮り鉄街道である。　シュタット・ヴェーレン(Stadt Wehlen)駅手前の踏切に差し掛かり、エルベ川自転車道は直進だが、ちょっと寄り道して踏切を渡る。　すると、鉄道の踏切遮断機のバーと標識を店のテラス席前にディスプレイし、春の日差しを浴びながら鉄道系癒しのある店、インビス＆ビヤガーデン(Biergarten "An der Schranke")がある。　ここでもカプチーノタイム。　カンカンと列車が接近すると、カメラを構え飛び出しては席に戻る。　皆大笑いだ。　日本版撮り鉄の鉄ちゃんが珍しそうである。店横の道を下るとエルベ川に渡し船があり、対岸に渡れる。

インビス＆ビヤガーデン(Biergarten "An der Schranke")　　　　出店の小屋

シュタット・ヴェーレン(Stadt Wehlen)駅

寄り道

出店の小屋

　踏切を直進せずに寄り道したおかげで、居心地の良いガタンゴトン、カンカンと鉄道音の楽鑑賞ができた。　出店の小屋に所狭しとメニューや地図をきちっと陳列しているのはさすがドイツだ。　エルベ川自転車道地図(Publicpress 社)を二つも購入した。　一つは、今走っているルートのバート・シャンダウ(Bad Schandau)からドレスデン、マイセンを通り、リーザ(Riesa)迄の自転車道地図。　もう一つは、ザクセンスイスの国立公園のハイキング地図だ。　次回はウォーキングにも挑戦したい気持ちがあるからだ。　撮り鉄タイム踏切編では、約1時間も寄り道してしまった。　急ごう、実はこんなことでドレスデン迄走る予定を急きょ変更し、次の町ピルナ(pirna)にしたのだ。　踏切に戻り右折し、シュタット・ヴェーレン駅の裏手を通ると、日本風に言えば貸農園だが、農薬の使用は禁止、電気は引いてはいけない、小屋は決められた大きさにするなど規制されている。　ドイツでは小菜園はクラインガルテン(Kleingärten)と呼ばれるが、このスタイルを日本もお手本にすべきである。

エルベ渓谷撮り鉄街道では、超スローの遊び鉄として走行距離はわずか20 km。　遊び鉄＆自転車鉄なので平均時速5kmの超スローポタリンだ。　ピルナ(Pirna)の入り口には、エルベ川と自転車道、鉄道高架橋に挟まれたパラソルの開いた歴史のあるガストホーフ・ビヤガーデン"Pirnaer Elbschlösschen"がある。　カプチーノを飲みながらの鉄道、自転車、船とトリプル撮影ポイントでお勧めである。　進むと、自転車道は鉄道の立派な石造り高架橋と並行に走ることになるが、エルベ川が豪雨で氾濫した時に路線を守るため高架橋にしているようだ。　石造りが延々と続き、川畔の芝生は市民の憩いの場となっている。　エルベ川自転車道ショートポタリングはピルナ(Pirna)を終着点とした。

初春の木漏れ日

ピルナ駅はもう少し先、手前が旧市街の中心なので鉄道ガードを潜ると渡し船の乗り場がある。　ピルナはドレステンからちょっと散歩気分で気軽に行ける小さな町、市庁舎、マルクト広場、博物館がある。　自転車道はもう少し直進してから左折し鉄道ガードを潜るとショートカットできる小さな階段があり上ると駅前に出られる。

ピルナの入り口、寄り道しよう！エルベ沿い
お勧め休憩にガストホーフ・ビヤガーデン
"Pirnaer Elbschlösschen"

エルベ川畔での幸せな時間が流れる

もう直ぐピルナに入る

"Pirnaer Elbschlösschen"

渡し船の乗り場

バート・シャンダウ行 S バーン出発進行！ピルナ駅での
一コマ、ホームに残っているのは鉄ちゃんと二人連れのみ

あとがき

1、機械プラントエンジニア時代に訪れた足跡を辿る旅

　今回のタイトルは、ドイツからオランダ経由英国へ"60歳からの熟年男旅"。　現役時代は「環境に乗り遅れた企業は生き残れない」と言われる社会環境であった。　資源の有効活用分野において、エンジニアとして得意とするのは破砕機の開発設計である。　この破砕機をプラントの核に据え、廃プラスチックからプラスチック成形製品や元のペレット原料に戻すマテリアルリサイクルプラントや、破砕・造粒した後エネルギー回収する固形燃料化プラントを技術提案型で進めてきた。　プラントには新しい選別技術を組み込み、他社と差異化した独自の提案拡販をしていく必要性がある。　そこで当時の環境先進国であったドイツから技術導入することになり、技術打ち合せや実稼働プラントへの顧客案内と、ドイツ/デュッセルドルフに行く機会ができた。　現地での仕事の合間を利用して近郊に散歩しショート旅のノウハウを蓄積。　誰にも教えたくない、とっておきのスポットを開拓し温めている。　保存鉄道と自転車を愛する旅人は、その現役時の足跡を辿るドイツ/デュッセルドルフを起点に、中央駅からタリスに乗車しオランダ/アムステルダムへ。　また、ユーロスターでドーバー海峡を潜り英国へと、懐かしいエンジニア時代とホームステイ遊学時の足跡を辿ってみた。

2、熟年男の相棒と自転車鉄

　今回の旅は、相棒のブロンプトンも携えての旅だ。　保存鉄道には自転車専用の貨車も連結されているので折りたたまないで自転車をそのまま積載できる。　車窓から撮影ポイント探し、目を付けておいた場所には相棒と先回りして、まだかまだかとワクワクしながら列車を待ち受けるコーヒータイムとする。　このスタイルが私の定番となっている。

3、ドイツから始まった自転車旅・保存鉄道旅は「止まらない」

　本書では自転車でメルヘン街道/ヴェーザー川自転車道やエルベ川自転車道を走り、その行き先で出会った蒸気機関車やディーゼル機関車が牽引するレトロな列車、レールバスなどの保存鉄道を紹介し、案内・紀行・旅データ本としている。　自転車鉄のメリットを生かし、また徒歩でも対応した徹底取材により、データ満載にまとめている。　皆様は、ご自身の旅スタイルに合わせて必要なデータを取り出し、自分の旅スタイルを楽しんでほしい。　そんな思いを込めた応援本にしたので、是非活用していただきたい。

　タイトルの"60歳からの熟年男旅"には、特に定年退職組への提案として。　また、60歳前の中堅・若手ビジネスマンには、何時かは旅に出てほしい。　仕事をやりくりし、自転車、鉄道、カメラなどの趣味を生かしつつ、本書の手作りのイラスト地図を片手に旅をするための支援本としている。

　私の保存鉄道の旅は、いったい"いつまで""どこまで"走り続けるのだろう・・・・・・旅することは生きることだから。

4、趣味の自転車と鉄道とカメラ、ベクトル合成すると旅というキーワード

　童話作家アンデルセンの詩、「旅することは生きること」から始まったこの旅は、定年退職後10年が経過し、趣味である旅のまとめ執筆本も今回の「ドイツからオランダ経由英国へ"60歳からの熟年男旅"」で6冊目となった。　保存鉄道旅の情報本とした本書をぜひ活用してほしい。　70歳の古希を迎え一区切りではあるが、旅で知り合った友達は私の財産、皆さんと情報交換をさせていただきながら旅は止まらない。

5、英国遊学を辿る旅

　定年退職時、頑張った自分へのご褒美に、イギリスの原風景が残るコッツウォルズ地方の端に

コッツウォルズ/ロアースローター　鳥たちの楽園

位置するチェルトナムにホームステイ遊学した時の足跡を辿った。　もう10年以上経過しているがボートン・オン・ザ・ウオーターやアッパースローター、ロアースローターは何一つ変わらず迎えてくれた。唯一変化があったのは、グロスターシャー・ウォーリックシャー鉄道がチェルトナム競馬場からトディントン駅までの運行であったが、ブロードウェイまで4.75マイル（約7.6km）伸延され、復活を果たしていた。　次回訪れる機会があれば、その時にはナショナル・レール（National Rail)のチェルトナム・スパ駅から遊歩道になっている廃線跡も復活しているかも知れない。

　保存鉄道「Heritage Railway」は、保存団体により運営され、スタッフの多くはボランティアとして活躍している。　英国人の大切な鉄道遺産を保存鉄道として後世に残していくという考え方は、ただ単に今養われたものでなく長い年月を経て育てられたものである。　その慣習に日本が追いつこうとしても追いつけないほど重みがある。

　遊学時にオックスフォード運河のトゥパスウオーキングも体験した。　産業革命時代に資源や物資を運ぶために運河が造られ、幅の狭いナローボート全盛時代となる。　ボートを馬が曳くための側道が運河全長に渡りトゥパスとして残されており、カナルウオークとして人気のウォーキング道であることを知った。　運河では都会の賑やかさから逃れられ、時間がスローテンポで進むナローボートを見ていると、いつかはナローボート旅をしたいという衝動にかられた。　今回は自転車で遊学時に訪れた運河のトゥパスを走ると、懐かしい風景がよみがえった。　嬉しかったことは何一つ変わらない10年前の昔のままの姿があった。

　次回は、妻と二人で運河沿いの田舎町にあるパブで乾杯しながらナローボート旅や保存鉄道旅をしたいと夢を膨らませているこの頃である。　夢を実現しようと旅は止まらない。

　最後に、ドイツからオランダ経由デンマーク行きのドイツ旅シリーズ第5弾"蒸気機関車3"に続き、本書第6弾"60歳からの熟年男旅"を出版することになり、お世話になっている成隆出版の社長、阿久津誠氏とは高度成長時代を生き抜いた同世代。　この歳になって親しくさせていただいている。

著者紹介

田中貞夫（たなか　さだお）

1948 年 11 月	和歌山県和歌山市生まれ。
1971 年 3 月	東京理科大学工学部機械科卒業後、大手企業に就職。プラントエンジニアリング、機械設計に携わり、破砕・粉砕・選別・造粒に関する技術開発を行う。 特にプラスチックのマテリアル及びサーマルリサイクルプラントを専門とし、環境分野に於いて環境先進国ドイツより日本市場へ技術導入を企画提案。数々の資源有効活用への納入実績を持つ。
2008 年 11 月	定年退職 かねてからの“夢の実現”へドイツ自転車道の旅を開始。英国チェルトナムに遊学しホームステイを体験。イギリスの原風景が残るコッツウオルズ地方のサイクルポタリングと蒸気機関車保存鉄道を訪ねる。
2009 年 6 月	新緑のドイツロマンティック街道自転車道、メルヘン街道のヴェーザー川自転車道を折畳み自転車で約一か月の一人旅、蒸気機関車保存鉄道の追い掛けをして子供の頃にタイムスリップ。
2010 年 3 月	冬のロマンティック街道自転車道を旅。銀世界に浮かぶノイシュヴァンシュタイン城と大雪原にポツンと小さな教会が忘れられない。
同 5 月	タンポポの季節にマイン川とタウバー川自転車道を旅、ヴュルツブルク近郊の保存鉄道レールバスに乗車＆葡萄畑を駆け抜け、ドイツの春を感じる。
2011 年 7 月	南ドイツ「ロマンティック街道旅」 自転車＋鉄道＋バス 出版。
2012 年 7 月	南仏/プロヴァンスのラベンダー街道、ドイツ/ウルム近郊の蒸気とレールバスの乗り鉄・撮り鉄、ドナウ川自転車道のショート旅。
2013 年 4〜5 月	ドイツザクセン州「ドレスデン蒸気機関車フェスティバル」、蒸気機関車・レールバスの追いかけを開始。
2014 年以降 2022 年迄	ドイツに加え、ポーランド、チェコ、デンマーク、オランダ、英国へとSLや保存鉄道の魅力に嵌り、2 回/年（春と秋）訪れている。 2020〜21年はコロナ禍ということもあり旅はお休み、22年再開し英国へ。

現役時の足跡と英国遊学
英国蒸機保存鉄道とドイツ自転車道
60歳からの熟年男旅

2022 年 9 月 20 日　初版第 1 刷発行

文・写真・イラスト・編集　　田中貞夫
　　　　　　　　　　　　E-mail：tkmsk2011@yahoo.co.jp
発行所　　　　　　　有限会社 成隆出版 www.seiryusyuppan.co.jp
　　　　　　　　　　〒104-0041　東京都中央区新富 1-5-5-406
　　　　　　　　　　電話 03-3297-8821　FAX 03-6280-3203
印刷製本　　　　　　株式会社 丸井工文社